U0006283

教養,是一生的武器

日本最受歡迎禮儀專家
教你「好好做人」,展現品格的力量

諏內江美——著
林美琪——譯

聽到人家說：
「那個人教養好好喔！」
你會想像那是怎樣的一個人呢？

- 家世不錯的人？
- 在家教很嚴格的家庭中長大的人？
- 言談舉止完美的人？
- 有錢人？

前言

自己的教養自己救！

「我在平凡的家庭中長大，家教普通，所以……」

「我剛交往的男朋友，教養非常好。」

「我和我先生都不是系出名門，也沒受到特別好的教養……能考上的孩子，果然是要經過特別調教！」

我在我創辦的「ＬＩＶＩＵＭ禮儀學校」以及「名校親子禮儀教室」提供諮詢服務時，經常聽到學員發出這類無奈的心聲。

這些心聲的共通關鍵字是**「教養」**。因此，我非常了解各位對教養有多麼重視、嚮往。

很多人認為，教養與成長環境息息相關，無法自行改變，唯有天選的幸運兒才能擁有「好教養」，而顯得魅力十足，於是自認無緣而撒手放棄。

可是，如果你也能擁有「好教養」呢？

大部分人都以為「優質的教養」不可多得，是少數幸運兒才有的專利。

但我認為，教養其實很簡單。

所謂「教養」，就是一個人的氣質。

就看你懂不懂得展現適當的言談舉止、應對進退。

進一步說，有沒有教養的差別只在於：

你想懂，或是不想懂。

教養好的人，都有這些共通點

因為工作的關係，我接觸過皇室、政界、商界、知名藝人、上市企業老闆等為數眾多的達官貴人，從中得到一種心得：

這些讓人感覺「教養很好」的人士，都有一個共通點。

那就是：

有禮貌的**小動作及遣辭用字**。

表現這些行為時的**模樣、氣質**。

為什麼身為禮儀老師的我，要告訴大家「先於禮儀之前的教養」呢？

為什麼我要跟大家分享「只有教養良好的人才知道的事情」呢？

原因在於：

不論**小朋友申請貴族學校，乃至長大後的就業、換工作、婚活**＊**、結婚，人生的各種重要場合，幾乎都會要求「良好的教養」**。

在申請貴族幼稚園、貴族小學時，看重的不是成績或臨時抱佛腳的膚淺禮儀，而是由內在散發出來的「良好教養」。婚活也是，比起顏值、年齡、職業，更為人重視的是「教養」。

比方說，在婚活中敗陣的理由，占居高位的是「飲食舉止」：

「買來的熟食沒有換裝到盤子上，直接拿著吃。」

「拿筷子時沒有依照『三手』（請參考第8章「用餐方式」）的步驟，直接用單手抓起筷子就吃。」

「用裝免洗筷的紙袋來充當筷架使用。」

即使這些日常小動作不算違反禮儀，仍會給人一種教養不佳的印象，而降低了對你的好感度。

魔鬼藏在細節中。比起婚喪喜慶、高檔餐廳等非日常場合中的繁文縟節，這些個人習以為常的**日常小動作，往往成了決定性關鍵。**

＊編注：婚活（Konkatsu），源自日文，是「結婚活動」的縮寫，指的是：為了結婚所進行的活動。

唯有過來人才知道的優質教養？

努力學會正確的禮儀，也有信心能在聚餐、派對上完美呈現，卻在進入正式的禮儀之前，因為一些疏忽而扣分、搞砸，讓機會白白溜走，那真是太可惜了。

「我做錯了什麼嗎？」「該怎麼做才對啊？」

常有學員問我這類問題，**我的回答都是「教養」**。

很多人認為，「優質的教養」只有出生或成長於優質家庭的人才會知道，才可能學得會。其實，**只要知道什麼是優質的教養，人人都學得會**。

我在本書為大家整理出所謂「有教養」和「有氣質」的言行舉止與訣竅。「這種時候，有教養的人會怎麼做？」答案就在接下來的篇章裡。

從內在散發出來的品味與獨特性，讓你雀屏中選

最近，我的禮儀學校針對婚活所設計的綜合課程「結婚活動專案」，內容包括了提升第一印象、優雅的舉止、予人好感的說話方式、餐桌禮儀、關懷別人、化妝與髮型等，相當受到歡迎。這套課程會針對「教養」及「品味」進行特別的指導。

結果，學會了這些感性與技巧的人：

接到許多男性的聚餐邀約，

交往中的男友視她為**「真命天女」**，

並把她**介紹給朋友和父母**，

多年來老是沒有下文的**相親**、**婚活**，

竟**像做夢般進行得更如魚得水**……

像這樣，這些展現教養的人，明顯受到跟之前天壤之別的特殊待遇。

……………………

而在職場方面，也有很多人不斷地帶來好消息。

就在前幾天，一位十年來都擔任同一祕書職務的學員說：

「上司突然幫我加薪了，嚇死我！」

還有人越來越受到上司及客戶的重視與認可：

「因為是妳……」「如果不是妳……」，

把更重要的工作交給她，還主動介紹重要的客戶給她……

像這樣，工作順利成功，且程度遠遠超乎想像與期待的學員相當多！

「真沒想到我能變成今天這樣！」

「突然發現我已經更上一層樓了。」

好多學員跑來跟我道謝，這真是當老師最幸福快樂的事了。

改變你的教養，周遭人對你的評價和態度也會改變，隨之而來的是，緣分變了，交往的人變了，然後，你的人生也會有重大的轉變。

教養是一生的武器，力量遠大於美貌

有了本書的你——

只要改變教養，人生將因此大不同。

「優質的教養」是你一生的財產，只要擁有，終生受用。

「優質的教養」是你一生的武器，力量遠大於美貌。

而且，**任何人，從現在起，都能獲得優質的教養。**

教養可以改變，也值得改變。

改變教養的鑰匙，就在你的手上。

本書作者　諏內江美

第2章 說話方式

遣辭用字

電話、電子郵件、網路社群

第3章 儀容

穿著打扮

第4章 日常生活

送禮

拜訪

招待、陪同

第7章 公共場合中的言行舉止

第 8 章

用餐方式

用餐的基本禮儀

輕鬆的外食

優雅的用餐方式

第9章 場合

散發出高雅氣質的優美舉止

- ☑ 舉止優雅
- ■ 合乎禮儀與立場的舉止
- ■ 重視眼前的人
- ■ 不要尋歡作樂
- ■ 能夠面面俱到的從容
- ■ 讓理所當然的事情自然地發生

第 *1* 章

言行舉止

氣質、優雅、從容……
優美的舉止會散發出
「優質的教養」。
而且，「教養好」的人，會依
公共、私人、商務場合的不同，
即時表現出合宜的言行舉止。

言談舉止

1 保持微笑

你可知道自己平時都擺出什麼樣的表情？

有教養的人會面帶自然的微笑。不過，在我的禮儀學校中，就有學員因為只會做出「笑」或「不笑」的表情而苦惱。「微笑」介於「笑」與「不笑」之間，沒想到不會微笑的人還真不少。

不會微笑的人通常面無表情。交談時，對方往往不知道他是否在聽、是否不開心而不安，甚至讓人誤以為「他不喜歡我」。

自然的微笑是為了讓對方感到愉悅，是人際間最起碼的體貼關懷。我的學校裡的許多學員，後來都因為**具有保持嘴角上揚的意識**並受過表情訓練，進而予人良好的印象。

2 交換眼神、點頭致意

不論是住宅或住商混合大樓，都可能在入口或電梯處與陌生人碰面。這時，如果對方並非無視我們，而是與我們交換眼神、點頭致意，我想一整天都會心情愉快吧。即使只有一面之緣，如果你能在碰面當下自然地打招呼，就能給人教養良好的印象。

3 停下來好好打招呼

當我看到「名校禮儀教室」的小朋友見到大人時，會立刻停下來，身體微微前傾地打招呼，便會覺得這位小朋友的「家教很好」，因為這種舉止表現出他很重視眼前的人。

反之，同樣是打招呼，如果邊做別的事，例如邊脫鞋、邊盯著手機、邊走路……還是會給人沒禮貌的印象。因此，即使只是打聲招呼，也請務必看著對方的眼睛。此外，若對方不是長輩也能主動打聲招呼，顯見教養相當好。

4 自然地說出關懷之語

從對方有沒有說出類似下列的話，便能窺知他懂不懂得基本禮儀與尊重別人。

- 站在講台上時，「我站得比較高，真不好意思。」
- 坐著且無法立即起身時，「我坐著講話，真不好意思。」
- 因為某種緣故而戴口罩時，「我戴著口罩講話，真不好意思。」
- 有難言之隱時，「我戴著太陽眼鏡，真不好意思。」「我戴著帽子，真不好意思。」「我穿著外套，真不好意思。」

5 優雅的點頭致意方式

有些人的點頭致意方式「自認做得不錯」，但其實不能給人家教養好的印象，例如，動作太簡單而無法傳達心情、表情太誇張得不符場合、抬頭方式太隨便、整套動作太緩慢……我的禮儀學校裡就有不少這樣的學員。

最基本的點頭致意方式是：眼神交會後，伸直背脊，從頭、頸到腰部，上半身前傾三十度。

如果是日常生活中的點頭致意，腰部以上的上半身前傾十五度即可。

點頭致意屬於日常舉止，請務必檢視一下自己的習慣，糾正小缺失喔。

6 以雙手收授物品

這是極為基本的禮儀，相信各位一定明白，但會不會有時不小心就用單手收授物品呢？如果與對方中間隔著一張大桌子，難以確實用雙手承接時，如果能做到一手伸長收授，另一手雖然搆不到也盡力伸出來的舉動，便能傳達出重視對方與該物品的心情。

此外，從小我們就被教導拿筆或剪刀給別人時，不能將尖銳端朝向對方；但是，日常生活中果真做到了嗎？請仔細檢視這些日常舉止的小細節吧。

7 務必雙膝併攏

指尖、雙腳、腋下等處，如果不能併攏而出現縫隙，會顯得散漫、像個男人婆。反之，手指併攏，腋下收緊，手臂貼身，就會顯得優雅而富有女人味。腳也一樣，應該雙膝併攏，不要留下縫隙。

坐著時，大部分的人都會留意將雙膝併攏吧。

不過，如果發生突發狀況呢？例如，辦公桌上的文件掉落而彎腰去撿時，是不是一不小心就雙腳張開了呢？即使只是一秒鐘，都能自我提醒地雙膝併攏，才是教養良好的淑女喔。

前幾天，我去為一家高級商品沙龍的主管上課。會場上滿滿來自全國各分店的職員，在我這個嚴格的講師面前，全都正襟危坐，姿態優雅，但不少人雙膝間露出縫隙。也許他們自以為已經將雙膝併攏了，但哪怕只是稍微打開一公分，氣質就扣分了。請務必確實併攏啊！

8 字正則美

字體端正能給人留下「教養良好」的印象。其實，我的「名校親子禮儀教室」所指導的幼稚園、小學入學申請，依然採用手寫的方式！正所謂「字如其人」。如果你自認字寫得不夠漂亮，請至少寫得筆劃端正。

9 用三根手指握筆

很多人的握筆姿勢不正確，例如拇指整個凸出來！這種握筆方式不但運筆不便，看起來也不好看，導致教養受到質疑。

握筆時，主要使用拇指、食指和中指，無名指和小指為輔助。這點大概每個人都做得到，只是，很多人弄錯了拇指擺放的位置。

握筆時，你的拇指是不是歪到食指第一關節或第二關節去了呢？

如果你有這種錯誤的握筆習慣，請立即糾正過來，不要等到日後在飯店、餐廳、服飾店等地方簽名時，被人在心裡嘀咕：「這個人該不會好幾年、好幾十年都用這種方式寫字吧？」

第*1*章

言行舉止

10 頂多只能將手腕放到桌上

以餐桌來說，基本上只能把手指到手腕這部分放到桌上。若是商務場合，雙手放在桌上能給人熱心傾聽談話的好印象，但這時也不能將手肘放上去。

只是這點小差別，便能大大影響好感度，因此務必要注意。如果是女性，雙手輕輕交疊，手腕呈四十五度彎曲，會顯得高雅迷人。

11 指尖整齊才優雅

會注意到指尖這個細節的人，會給人每

天認真過生活的感覺，而且顯得端莊優雅。

指尖其實比你想像得還要引人注目，並足以左右別人對你的整體印象。請務必保持手指清潔，修剪指甲和肉刺，做好保養。

12 不必過度用手遮掩嘴巴

你或許會認為讓人看見牙齒很丟臉吧？有些人在說話時、笑的時候、吃東西時，會不斷用手遮住嘴巴。其實，這個動作一點都不高雅。千萬別誤會了，尤其在國外，過度用手遮住嘴巴會顯得很不自然。

13 製造餘韻，適度留白

- 等別人說完話，點頭致意後，慢慢抬頭。
- 停兩拍再掛電話。
- 依「三手」的步驟取用筷子。

- 使用免洗筷，應用打開扇子的方式慢慢將筷子扒開。
- 給別人物品和書籍，應該將正面慢慢轉向對方的方向，再遞出。

14 優雅的開關門方式

單手「啪」地一聲開門或關門，無法展現優雅的舉止。單手握好門把後，另一手再輕輕搭上去，就能展現高雅的女人味。即使另一隻手上有東西而無法觸碰到門，也要做出搭上去的動作，這樣能表現出一個人的細心。

15 端莊的坐法和站法

每次坐下或站起來時，就會口頭禪似地喊聲「嘿咻！」並撐住椅面，或是手撐在膝蓋上像深深一鞠躬般前傾，再坐下或起身……你有這類習慣動作嗎？

這類動作既不俐落、也不優雅，非但讓你看起來沒有教養，而且顯得疲倦、老氣橫秋！

坐下或站起來時，請盡可能伸直背脊，動作慢一點、優雅一點。雙腳稍微一前一後，有助於保持平衡。即使是一邊按住裙子一邊坐下時，也要盡量不讓上半身前傾！

16 知道自己走路的小毛病

我的禮儀學校的學員之中，有不少人被朋友評論：「我光是聽腳步聲，就知道是你來了。」其實，每個人有每個人的走路方式，有時獨特到一聽就知道是誰。只不過，通常別人不會直接點出我們走路方式的缺點。那麼，就趁這個機會，好好檢視一下自己的走路方式及腳步聲吧。

即使無法立即糾正過來，也必須清楚自己的狀況才行。

走路時，請先注意姿勢。站立的重點在於耳朵、肩膀、腳踝呈一直線。然後，上半身保持同樣的姿勢，腳跟貼著地面行走。站姿和走路的方式往往是決定第一印象的重要關鍵，請勿輕忽！

17 等待時，仍應保持優雅的姿態

等人時，你的姿態優不優雅呢？

等人時，如果你是駝著背滑手機，那就教人失望了。如果你習慣把腳伸向旁邊來放鬆，也請趕快糾正過來。雙腳不要左右張開，可以稍微前後錯開，這樣的站姿才優雅。

18 說「請」，是從容的展現

有一天，我因為趕時間而腳步匆忙，在一條狹窄小路上，碰到一位遛狗的女士朝我走來。當我在腦中盤算應該靠右或靠左走才不會擋路時，那位女士停下腳步，面帶微笑地說「請」，讓我先過。事後我反省了一下，就算我先讓路，頂多只是耽誤幾秒鐘而已，我卻猶豫不決；而這位女士一聲優雅的「請」，讓我領悟到，我要隨時保持一顆從容的心。

19 失禮的脫鞋方式

到別人家拜訪時，請注意脫鞋子的方式，因為這個舉動會洩漏你的教養。進入屋內時，你是不是習慣轉身背對屋內，然後脫鞋進入呢？在重要場合要是犯了這樣的禮儀錯誤，你的人品會被大大扣分喔。

正確的做法是面對屋內脫鞋！脫鞋後走上玄關，然後轉身彎下膝蓋，把鞋子轉一八〇度面對外面靠邊放。

嫌排鞋子麻煩而直接背對屋內脫鞋後走上玄關，沒確實做好「脫鞋」「轉鞋」這兩個動作，就會顯得粗魯而失禮。只要確實做好這兩個動作，在你男友家、婆家，或是和食餐廳的玄關，就不會丟臉了。

正確的脫鞋方式

20 真誠是教養的基礎態度

被誇獎「你很有教養」「府上的家教很棒呢」的人，多半是個性真誠的人。這種人會發自內心真誠地讚美、感恩，為別人高興；當心裡羨慕別人時，也會真誠地說：「好棒喔，我好羨慕！」「好漂亮，我也想要啊！」

無法讚美別人的人，有可能是因為缺乏自信。不論是生活方式或是各種技能，只要對自己的某方面擁有自信的人，內心就能保持從容，自然能夠真誠地讚美別人。

21

洗手後，順手將洗手檯擦拭乾淨

洗手檯上若殘留水滴或頭髮，就會顯得不乾淨。使用後若能順手擦拭，下一位使用者便能愉快地使用。

做這個動作只需花上幾秒鐘的細心與關懷，卻能透露出你的教養程度及生活方式。

22

不宜將衛生紙摺成三角形！

說到殘留水滴，還有一件事也必須特別注意。有些人會將捲筒衛生紙的第一張摺成三角形，或許是為了方便下一個人使用。但這麼做反而不衛生，可說是適得其反。

將捲筒衛生紙的第一張摺成三角形，是在表示「打掃完畢」，如果你不是負責打掃的人卻這麼做，反而會讓人質疑你的教養。

23 別讓下一位使用者不舒服

用完化妝室後，請留意下列事項：

- 蓋上馬桶蓋。
- 讓捲筒衛生紙的切口保持整齊。
- 記得關燈。
- 擺好拖鞋。
- 離開時回頭確認一下。

24 使用後從容地回頭檢視

用完化妝室、廁所、浴室等容易殘留水漬的地方後，在離開之前，記得回頭檢視是否恢復原狀。

能否保持整潔美觀，正無聲地透露出你的人品與教養的好壞。

25 蹺腳的時間、地點、場合

在歐美國家或外資企業這類環境，在公開場合蹺腳、大剌剌地靠在椅背上，並不會有違和感；有人還會用筆指著人。

可是在日本，在長輩或上司面前做這些動作，會被視為不得體。

在餐廳、公共場合或商務場合時，能夠觀察在場是否有同輩、上司、客戶而立即採取合宜的姿勢及動作，才是教養良好的淑女。

26 若無其事地幫別人的椅子擺好

開完會後，能夠若無其事地幫別人把椅子靠好，就能給人有教養的好印象。

即使只是將鄰座的椅子重新靠攏，或者經過時順手把拉出來的椅子靠好，看似隨意的這個動作，不但能展現良好的教養，也能讓自己的心情愉悅。

27 不要在桌子底下脫鞋

偶爾會看到有人在桌子底下、咖啡館、餐廳、電車上，把腳跟伸出鞋外。或許他認為「不過才一下下而已……」，但看到的人很難不在意。

即使只是腳下的小動作，仍會給人沒水準的印象，請特別注意。

28 交通卡應先儲值好

有些人到了驗票口才驚叫：「啊，票卡沒錢了！」然後急忙跑去儲值，讓同行的人乾等。如果經常這樣，就會給人做事散漫的壞印象。你身邊有這種人嗎？請隨時檢查卡片，不要讓同行者乾等，不要造成後方乘客的困擾。

29 將購物籃放回原位

我見過有人將購物籃直接放在檯子上，或是隨意一丟，沒疊放好就走了。使用完畢的物品要確實整理好再離開。連這點基本禮儀都做不好的人，會給人留下生活邋遢的印象。

30 為隨後走進來的人開門

在歐美，推開百貨公司或辦公大樓的大門進入後，如果後面有人要跟著進來，會理所當然地把門打開；悲哀的是，這種體貼之舉在日本相當罕見。此外，歐美人士在上下樓梯或搭乘電車時，會自然而然地協助嬰兒車出入，但在日本這種舉動也相對稀少。在這些情況下，能夠毫不遲疑地順手為之，不論男女，都會給人良好的印象。

或許有人有顧忌，例如不想表現得引人注目、或是因此感到害羞等，但還是希望你不要視而不見，能夠理所當然地表現貼心之舉。

31 在電梯裡自然地說出：「請問到幾樓？」「請！」

在自家社區大樓的電梯遇到鄰居時，互道「早安！」「您好！」是很自然的事；而一個有教養的人，還會有進一步的表現。

當有人進入電梯時，有教養的人會詢問：「請問您到幾樓？」並且代為按下按鍵。到了該樓層，會說：「請！」或是以手勢請對方走出電梯。若是夜晚時分，當對方準備走出電梯時，會向對方說聲：「晚安！」試想，跟這樣的人一起搭電梯，肯定會感到非常愉快。

32 雨天收傘後的拿法

外面下雨，走進室內後，收起來的傘該怎麼拿呢？這點也不能疏忽喔。有些人習慣把傘掛在手肘上，但請注意傘的方向。如果將傘柄由內向外掛在手肘上，等於是把傘朝向別人，這是失禮的，應該由外向內掛才對。這類小地方也不能大意。

33

雨天與人擦身而過時

下雨天撐傘，走在狹窄的路上與人擦身而過時，應將傘往外側（與對方相反的那一側）傾斜，以免撞到人。這是日本人從以前就有的好習慣，但有時仍會遇到不這樣做的人而心情大受影響。雨天已經令人憂鬱了，希望大家都能多用點心，互相體貼。

展現品味與知性的說話方式

- ✔ 遣辭用字優美。
- ■ 了解正確的敬語。
- ■ 保持怡人的距離感。
- ■ 謹守本分，慎選合宜的用語。
- ■ 不讓對方尷尬。
- ■ 考量場合、時間、對方的情況。

第 2 章

說話方式

脫口而出的無心之言，往往透露出「教養」的程度。
不管是正式場合還是休閒場合，
究竟什麼樣的說話方式，
才能讓人感覺到品味高尚、平易近人、充滿知性呢？
話語是反映教養的一面明鏡，
請好好檢視一下你的說話方式吧。

34 日文中加上「お」的情況

氣質高雅的淑女都有一個共通點，就是措辭優雅。或許這點很難在短時間達到完美，但有幾個速成的方法，你一定做得到。

只要在某些辭彙前面加一個字，就會變得很有禮貌。

哪個字呢？就是加上「お」。

例如，當你聽到「我去補個妝」，會有什麼感覺呢？肯定覺得對方有點粗魯、沒氣質吧。可是加上「お」，意思變成「請容我去補個妝喔」以後，就能感受到應有的禮儀了。

除此之外，「砂糖」（糖）、「塩」（鹽）、「米」、「しょうゆ」（醬油）、「味噌汁」（味噌湯）等字，也建議加上「お」。

＊譯注：日語中敬語的表達形式有許多種，其中之一是透過添加「接頭辭」而使普通詞語敬語化，「お」便是常用的接頭辭。

35 善用緩衝語

能夠適當使用緩衝語的人似乎不太多。請託、拒絕、詢問他人時，若單刀直入地開口，容易給人嚴格的印象，但只要在前面先說點緩衝語，氣氛便會緩和許多。

「不好意思」「打擾了」「抱歉」「對不起」等，都是常用的緩衝語，即使是難以啟齒的內容，有了它做緩衝，對方會比較容易接受。

除此之外，「如果不麻煩的話」「如果不會造成你的困擾」「你不介意的話」等緩衝語，都可善加利用。

豐富的緩衝語會為你的教養大大加分。

36 認識自己的口頭禪

每個人都有自己的口頭禪。我的學員中，就有幾個人總是用否定的方式切入對話，但他們不是真的要否定別人的意見，只是把「不！」「不是！」等否定語當成口頭禪了。

如果對方口頭禪連發，你會不會在心中犯嘀咕：「又來了，已經說了五次！」口頭禪連發有損說話的格調，請務必留意。

不妨把自己的對話錄音下來聽聽看，或是請家人朋友幫你指出來，總之，應該好好檢視一下自己究竟有什麼樣的口頭禪。

37 善用敬語和謙讓語

有時聽到「請你到櫃檯問一下」（受付で伺ってみて下さい）的說法，總會覺得很遺憾，因為「伺う」是謙讓語，是自謙的語態，不能用在對方身上。正確的說法是「請您到櫃檯去詢問一下好嗎？」（受付でお聞きいただけますか）。

能夠正確使用「いただく」「召し上がる」的人也不多。或許因為這兩個字都能給人有禮貌的感覺，我就常常聽到「おたくのご主人、お夕飯はおうちでいただくの？」（您先生會在府上用晚餐嗎？）這種說法。不過，「いただく」是謙讓語，這種時候，應該使用抬高對方以示敬意的敬語「召し上がる」才正確。分不清楚「敬語」與「謙讓語」的人實在非常多。

能夠正確使用多數人容易犯錯的敬語，無疑是教養良好的展現。因此，要當一位談吐得體的淑女，就得培養對遣詞用字的敏感度，才能及時警覺是否用錯。

38 勿使用年輕人用語、流行用語

平常慣用的辭彙，一不留神就會在重要場合上脫口而出。例如，與男友的父母初次見面時，脫口說出「真的假的!?」、「不行！」、「完蛋了！」、「超爽的！」、「了嗎？」……很可能對方會對你適不適合成為他們未來的媳婦打上問號。

請記住，遣辭用字也是衡量品性、教養高低的標準喔。

據說，活躍於螢光幕前的主播，私底下的生活中，仍相當注重他們的遣辭用字是否優美，因為就怕現場轉播或遇上突發事件時，一不小心洩漏了平日習慣的說話方式。

請務必向主播的謹言慎行看齊，在日常生活中顧及遣辭用字的優雅。

39 儘量不要常常使用「不好意思」

「不好意思」*是個萬用詞彙，道歉、請求、感謝時都能用，但意思也不夠明確，難以表達出真摯的心意，還有可能給人不夠有禮貌的印象。

如果要感謝對方，可以用「謝謝您」，有所請求的話，可以用「拜託您了」，向對方道歉的話，可以用「真的很抱歉」等足以明確表達心意的辭彙。

40 合宜的附和方式

與人交談時，適時地出聲附和對方的觀點，或點頭來表示傾聽，能夠贏得好印象。不過，要是頻頻附和或點頭，有可能會招來反效果。

對方話才說到一半，你就迫不及待似地「是是是、是是是」地連聲附和，或許你沒這個意思，但對方很可能誤以為你「沒興趣」「早就知道了」「想趕快結束對話」。請掌握好回應的頻率及節奏，切記過猶不及。

第 *2* 章

說話方式

＊編注：此處的「不好意思」，原文為「すみません」，是個在諸多情境都能致意的詞彙，也因此意思不甚明確。但在中文世界，「不好意思」堪稱日常禮貌的通行語。※以上「遣辭用字」單元的內容，均為本書作者基於日本語法的獨特環境和日本民情撰寫而成，除了翻譯上較難找到完全貼切的中文譯法，也不盡然符合中文讀者的使用習慣，本書讀者或可斟酌、參考。

41 被讚美時，合宜的回應方式

最近，很多人覺得被讚美時不必謙虛，直接說「謝謝」即可。

面對讚美是可以率真地反應，不過，如果老是以一句「謝謝」帶過，在崇尚謙虛美德的日本，還是會引發質疑。我明白要拿捏得恰到好處並不容易，但還是希望你能考量你與對方的關係等各種情況來做回應。

如果對方的年紀大，或是地位比你高，你可以說：「第一次受到您的誇獎，非常謝謝。」「您的這番讚美，讓我更有自信了！」「謝謝您的鼓勵。」把獲得讚美的喜悅與你的敬意一併表示出來，對方肯定很開心。

能夠洞悉對方心情的人，會留下「應對得宜」的好印象。希望你身邊的人都能認為你是個教養良好、值得讚美的人。

第 *2* 章

說話方式

42 從稱呼家人的方式看出教養與品格

‧丈夫

「我們家那個啊……」這種稱呼方式完全談不上教養與品格，恐怕接著就要數落丈夫的不是了。但是，如果用「我先生」的話，會有對丈夫表示尊敬的意思。一位成熟的女性，在正式場合應當用「丈夫」才對。

‧子女

談到自己的子女時，稱呼「我們家的小XX」、適合嗎？我比較建議你說「我的女兒」、「我的長子」。成熟的大人在提到自己的父母時，也不宜說成「我老爸老媽」，而應稱呼「家父、家母」。

‧自己

第一人稱用「あたし」（我，女高中生用居多）感覺有點幼稚。應該用「わたし」（我，常出現在正式演說場合），正式場合更應該用「わたくし」（我）才對。

43 「沒事」比「還好嗎？」更佳

在餐廳用餐時，朋友不小心打翻飲料，你會怎麼反應呢？幾乎所有人的反應都是脫口說出「還好嗎？」。

可是，同樣是關心，與其慌張地問「還好嗎？」，應該用沉穩的語氣說：「啊，沒事，用餐巾擦一下。」「沒事，我去跟服務生要濕紙巾。」才能讓對方安心。

發生這類突發事件時，有人會因為驚慌而把事情鬧大，但正確的做法是盡量不要讓對方感到尷尬，而是低調地迅速將事情處理完畢。

然後，要比打翻飲料的人，更早一步向餐廳經理致歉或道謝。

電話、電子郵件、網路社群

44 留點「餘韻」再掛電話

日常生活中，我都會隨時注意保留「餘韻」。有餘韻的舉止十分高雅。可是很遺憾，很多人講完手機會立刻掛斷電話。

我建議，即使是匆忙之際，在掛斷電話之前，最好先加上一句：「我正在忙，不好意思，我先掛電話了喔。」

45 晚間發送訊息需留意

一般認為，不會造成困擾的打電話時間是「上午九點至晚上九點」。可是，最近大家很少打電話了，幾乎都是發送電子郵件或使用網路社群；也因此，往往隨時想發訊息就發，而忽略了對方是否方便。這種情況下，有教養的人會多加一句：「這麼晚打擾，真是抱歉。」「假日打擾，不好意思。」可別小看這麼簡短的一句話，這可是會讓人評價你是否有教養呢。

46 未獲允許，勿任意傳出照片

照片遭人擅自張貼在社群媒體上的問題，最近引發熱議。除了照片上的本人會介意上相與否，這種作法還會洩漏身分、時間、地點等個人資料。因此，若要發布照片，請務必徵得當事人的同意，以免瞬間就洩漏他人的隱私而無法收拾。

不能小心處理別人的個資，就會遭質疑是沒教養，千萬得特別留意。

47 留言要注意禮貌

我常發現有人在臉書、ＩＧ等社群媒體的留言內容很失禮，例如生日的訊息。當錯過別人的生日時，有人會留言：「不好意思來晚了，生日快樂！」或是回覆活動、研討班等的通知：「抱歉，那天我要工作，下次有機會一定參加！」

乍見你會感覺留言的人還不錯，有說抱歉，但我想活動的當事者應該多少會覺得懊惱吧。而且，就旁觀者的立場來看，會覺得留言的人「忘記人家的生日」「把缺席的事公開」，顯然沒那麼重視對方。

再說，公開說自己不出席，就是相當失禮的事。

遲到的致歉、缺席的聯繫等，本來就不該公開。這種時候，還是用個別私訊的方式表達，不要讓大家看到比較好。

下週的生日派對，
歡迎參加喔！
已讀
抱歉！！
我突然有重要的事！
Happy
Birthday
我想去，但是
……不好意思了！

48 誇耀家人與寵物

若是商務上的貼文，由於是以宣傳自家產品及優質服務為目的，進行自我宣傳、自賣自誇等都沒問題。

問題是，有些個人貼文秀過了頭，就令人遺憾了。

那些為了博得「好可愛啊」「好幸福喔」等讚美而不斷誇耀寵物、兒女、孫子的行為，會讓人感到不舒服，進而對這樣的人產生不佳的印象。

49 在社群媒體上的留言要冷靜

請你記住，你發出去的電子郵件、在社群媒體上的留言，都會保留很長的時間，而且很容易傳開來。特別是你想表達抗議或抱怨時，必須先讓自己冷靜。

處在情緒高潮中，往往會過度亢奮，精神狀態異常，一個不小心就會充滿攻擊性。因此，不妨把你想說的話留到隔天冷靜之後再寫，且應盡量輕描淡寫，也可以考慮在社群媒體以外的地方表達意見。

請勿意氣用事，並做好情緒管理。

況且，根本沒必要為了不值得尊敬的對象浪費自己寶貴的時間。有教養的你，應做出更有智慧的選擇。

「有教養」的穿著打扮

- ✔ 優雅比時尚更重要
- ■ 潔淨感
- ■ 注意到細節
- ■ 別人看不見的地方也不馬虎
- ■ 融入場合
- ■ 配合時間、地點、情況

第 3 章

儀容

合宜的妝髮、無違和的穿著打扮，
正是「教養」的展現。
還有，請勿懈怠，應勤於保養。
當不被看見的地方無意間露出來時……
就讓人看見你真正的美麗了。

穿著打扮

50 勤於護膚、護髮

肌膚和秀髮的美麗非一朝一夕。如果每天都慌慌張張、被時間追著跑，不但作息不正常，睡眠和飲食也會變得一團糟。因此，請設法讓自己每天都有一段時間靜下心來，即使是短短幾分鐘都好。

我很重視「綽有餘裕」。隨時隨地保持從容、餘裕的姿態，自然顯得端莊優雅。

51 平常看不見的地方也要保持美麗

你有好好保養你的手肘、膝蓋和後腳跟嗎？

不論妝化得多美，如果看不見的地方就偷懶，可稱不上淑女喔。

一個妝容打扮完美，幾乎無懈可擊的美女，要是穿涼鞋而外露的後腳跟有粗糙的龜裂，肯定讓人傻眼。在意想不到的地方露出破綻……太可惜了。這些平常看不見的地方偶然被看見時，正洩漏出這個人的生活及教養。

52 「不確定是否合宜就拿掉」

有人問我：「在室內是不是要脫帽？」

女性的帽子也是髮飾的一種，如果帽沿不是很寬大，在餐廳不脫帽也行。當然，如果明顯是防曬用的草帽、防寒用的毛線帽就不宜。

不過，看到別人在室內戴帽子，而會感到介意的日本人並不少。若能在對方質疑之前，即使並非違反禮儀也能先察言觀色而採取作法，就是教養良好的展現。

重點是，不要讓在場的人覺得不舒服。即使未違反禮儀，也應培養洞燭機先並即時反應的「洞察力」。如果你有苦衷而不得不戴著帽子，可以先說一句：「我戴著帽子，不好意思。」

此外，在商場上，你不知道會被誰看見，也有可能和上司、客戶共乘電梯，因此，在進入大樓之前，應先把帽子、太陽眼鏡、耳機之類的用品拿下來。「覺得不確定是否合宜就拿掉」，就是正確的原則。

53 無違和感的穿著打扮

在日本，有人每天都穿著和服進辦公室。雖未違反禮儀，但在幾乎人人穿西裝、洋服的今天，總覺得有點違和，多少給人「想當主角」「想引人注目」「驕傲愛現」的印象。

如果不知如何穿搭，可以先想想自己是該場合的主人或是配角，再來做判斷。另外，在商務場合，有時不宜穿太暴露或太休閒的衣服。

穿著打扮顧及了個性，也不致與周遭格格不入，並且符合公司方針，才是有智慧的女性。

54 與年齡相符的裝束

不盲目追求流行，有個性的穿著打扮才是明智之舉。不過，若是在正式場合，光有個性的裝扮是不夠的。

例如，長腿美人總愛穿迷你裙，也有人喜歡暴露，這些都要特別注意。穿著打扮與年齡不符，反而會顯老；打扮得有個性又不致太花俏，才能吸引讚歎的目光。

55 不要在膝蓋上放手帕

在休閒場合可以隨自己的喜好打扮，但在商務場合或極為正式的場合，就不能特立獨行地製造違和感。能夠依時間、地點、場合做適宜的打扮，才是有教養的表現。

有一次，我和幾位朋友碰面談事情，其中一位女士穿著非常短的裙子，坐上沙發後便拿出手帕蓋在膝蓋上。

乍看之下，會以為這個舉動「很有女人味」，但其實格格不入。因為談話過程中，別人的目光會一直被那條手帕吸引過去。同時，也難免會讓人心想：「蓋手帕？天啊，是有多愛穿短裙啊？」自然讓別人留下不好的印象。

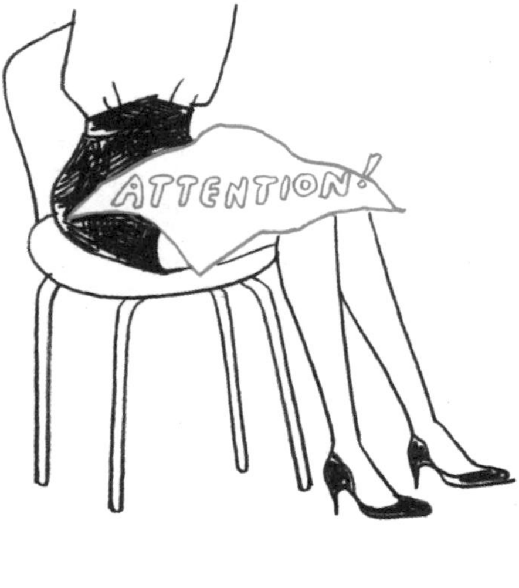

56 穿著無袖洋裝時，記得準備一件薄外套

夏天的無袖洋裝很能襯托出女性魅力，而且相當好看，我個人也很喜歡。不過，與長輩見面時，應當加件外套比較好。

特別是商務場合，有時會有突如其來的會議、聚餐等，此時若能事先備好外套，就不致臨時手忙腳亂了。

若你在公司上班，建議可在置物櫃裡放一件米色、黑色等百搭色系的外套。能夠設想周到、有備無患，才是成熟有智慧的人。

57 配戴首飾也要注意時間、地點、場合

在商務場合，如果戴上搖搖晃晃或是大而醒目的耳環，別人的目光會被耳環吸引而無法好好商談。因此，不能只注重時尚感，應該配合場合而慎選首飾。

配戴腳鍊、能量石等，都會過於吸引目光，甚至給予對方違和感，務必三思。

58 只是外出一下，也不能馬虎

常看到穿著公司制服的女性，披一件開襟毛衣、腋下夾著錢包，小跑步到餐飲店買午餐，腳下穿的往往是在公司穿的便鞋。或許她們的想法是：「到附近買一下午餐而已。」但我認為這種打扮並不恰當。

即使距離公司再近、或是只有短短一小時的午休時間，外面還是外面。能

夠從容地拿著皮包、換上外出鞋的女生才有教養。再者，考量到餐廳的等級，或是有可能在路上遇見客戶，那就更不能偷懶了。只是出去一下下也不能馬虎，應隨時注意合宜得體的服裝儀容。

59 隨時可以見客的穿著

比方說，突然有宅急便來送貨，你會以什麼裝扮走到玄關呢？「可以穿睡衣嗎？」一這麼想的人，就稱不上是有教養的淑女。

我們無法預料什麼時候會發生自然災害、火災等。因為緊急事故而衝出屋外時，若是穿著不能見人，那就尷尬了。

你的穿著打扮，至少要是遇見鄰居時可以主動打招呼不失禮的狀態。能夠隨時保持與人見面都不丟臉，才是從容優雅、有教養的人。

60 慎選內衣、睡衣

有一種時尚叫作「看不見的時尚」。

沒人知道什麼時候會不會因急病或意外事故而被送上救護車。因此請留意，慎選到了醫院也不會讓人尷尬的內衣和睡衣。

61 請勿穿長筒靴到和室或長輩家裡

如果事先知道「要去和食餐廳」「要去男朋友的父母家」，最好別穿長筒靴。我在禮儀學校會教授優雅的脫長靴方法，但其實挺難的。在玄關處脫得慢吞吞，會讓同行的人等待，也不優雅。選擇穿脫容易的鞋子才聰明。

能夠視場合適當穿搭的人，才能予人細心的好印象。上髮廊不要穿高領衣服；上醫院或做健康檢查時，不要穿一件式洋裝；從事戶外活動、烤肉等，不要穿高跟鞋……總之，請事先考慮清楚，不要讓在場的人為你擔心。

62 鞋墊也要注意

脫鞋後，裡頭的鞋墊有可能被人看見。
你的鞋墊是不是舊了、髒了？
請記住，你的審美意識、教養、氣質，會從你脫掉的鞋子洩漏出來喔。

63 鞋子的後側整潔嗎？

生活嚴謹、真正內外皆美的人，絕不會疏忽細節，尤其會注意鞋跟美不美。一般人只注意鞋子的前側，不太會注意後側，但鞋跟會在不知不覺間磨損；鞋子的皮面也可能隨著時間一久而變得斑駁。
在被別人指出來之前，最好自己先檢查一下。

64 選擇與場合相配的鞋子

穿鞋也要配合時間、地點和情況。如果是休閒場所，可以穿平底鞋；但如果是正式場合，就要穿鞋跟至少五公分以上的跟鞋；如果是派對等特別想要展現優雅的場合，建議穿著鞋跟七至八公分的鞋，才能讓雙腿顯得更加修長。半高不高的鞋，有時會顯得俗氣。

不過，若是參加喪禮，鞋跟太高就失禮了。請儘可能培養辨識時尚場合或嚴肅場合的判斷力。

65 對走路聲音保持敏感

穆勒鞋走下樓梯時發出的噠噠聲，高跟鞋走在走廊上發出的咔咔聲……走路時鞋子發出的聲音很難叫人不在意。當必須在重大會議上發送資料，或是去美術館參觀等，請設想當天的場合並慎選鞋子，以免屆時發出令人尷尬的腳步聲。

66 留意起皺、毛球、脫線

不論穿上多麼高貴的名牌服飾，要是衣服起皺、起毛球、脫線了，都是白搭。就算是才剛送洗好，穿在身上也會顯得邋遢。

燙得整整齊齊的白襯衫或罩衫，能夠給人整潔感而留下教養良好的印象。因此請別怕麻煩，該燙的衣服就確實燙整齊。

此外，裙擺很容易被忽略，應特別檢查裙擺是否脫線；每天都該三百六十度地檢查一圈自己的穿著。

如果都是快來不及了才匆匆出門，肯定沒有時間好好檢查。唯有保持從容的餘裕，在出門前確實檢查服裝儀容，才能展現教養良好的氣質。

67 必備黑色的正式服裝

正式的黑色禮服或外套，是成年女性的必備品，而且應配合季節穿搭。

正式的服裝應選用絲質或羊毛等高級布料。即使是高級的喀什米爾羊絨針織衫，也不應出現在正式場合或重要場合中。棉、麻類也一樣。我個人很喜歡麻織品，但考慮到容易起皺，絕不穿著麻料服飾出席重要的場合。

能否依時間、地點、情況來選擇最適當的服飾，亦即是否具備穿搭的辨識及感受能力，是評估教養的一項指標。

68 展現美甲也要看場合

整潔美觀，不代表一定要新潮時尚。

你的指甲可以裝飾得很新潮時尚，但是得考慮：是否適合你要面對的商務場合？指示文件、端出茶水時，應是配角的指甲卻喧賓奪主，就算不上是合格的商務人士。

你要培養辨識及感受的能力，連指甲給人的印象，也不可輕忽喔。

69 在玄關處放置全身鏡

你府上的玄關處，有沒有擺設一面可以照見全身的全身鏡呢？出門後才發現「啊，這雙鞋子和衣服不搭！和裙子的長度也不搭！」而懊惱不已的經驗，想必人人都有吧。

服裝儀容一定要在穿上鞋子的狀態下確認，記得要三百六十度仔細檢查全身每一個行頭是否搭配得宜。

裙擺有沒有脫線、襯衫有沒有起皺、鞋跟美觀嗎？背影也要仔細檢查。應當仔細檢視全身鏡中的自己，確認每一個地方都沒問題之後再出門。

70 符合季節感

選擇符合季節的裝束，比時尚與否更迷人，更能讓人感受到對大自然及四季的感謝之意。尤其是日本和服，完全展現了日本人優美的心靈。

細心周到的人，會在季節之初就把合宜的服飾準備好，例如進入九月，就可以從夏裝換成秋裝。如果天氣還很熱，可以換成卡其色、酒紅色、芥末黃等深一點的顏色，並選用與氣溫相符的涼爽布料，穿出濃濃秋意的時尚感。

日本人向來對季節敏感。不論洋裝或和服，能夠在穿著上展現季節感的人，便能給人認真過生活的好印象。

重視日本的四季之美，並且擁有融入季節的從容與餘裕，正是教養良好的表現。

穿著打扮

隨身物品

71 隨身拿著小包包

宴會、婚禮等正式場合，女性都會拿著一個小包包。我們看歐洲王室或日本皇室的女性在出席公開場合時，手上也都會拿著小包包。

女性不能空著雙手，也不能把工作用的大包包拿進餐廳，以免破壞優雅的氣氛。

「臨時跟客戶去吃飯！」「男友突然約我到高級餐廳！」這種時候，請將大包包放在寄物處，再拿著手拿包入內。

為免事出突然而慌張失措，建議在大包包裡面放個輕巧的手拿包才安心。

72 不宜使用廉價塑膠傘！

如果平常用的就是超商買的那種便宜塑膠傘，絕對顯現不出好教養。當然，如果臨時下雨沒帶傘，只好將就著用，但最好是隨身帶一把摺傘，以防萬一。

此外，常可看到有些人沒把傘柄上的塑膠套或吊牌拿掉，這樣很容易讓人覺得生活太邋遢，應特別留意。

73 勿重複使用商家的購物袋！

在高檔餐廳用餐，除了穿著正式服裝，也要拿著小包包才能展現優雅氣質。問題是，小包包裝不下的東西要裝在哪裡呢？很多人會用購物時拿到的紙袋。名牌店的紙袋的確美觀又高雅，但還是請你選用與服飾相搭、狀況良好的包包或袋子。要是讓人覺得這個紙袋已經重複使用好多次了，自然會對你的印象大打折扣。

用布製或塑膠製的手提袋當然也行。

只是，如果袋子是樸素的深藍色，看起來會像是小朋友上學、上補習班提的袋子。因此，請務必挑選足以匹配大人、款式優雅的提袋。

74 隨身必備品

請隨身攜帶用熨斗燙整齊的手帕，或是隨身包面紙。除此之外，如果還能準備懷紙*、小信封袋，遇到突發狀況時，就能做好成熟得宜的對應了。

* 譯注：懷紙，日本人隨身攜帶的和紙，用來盛裝甜點、擦拭杯緣等，與手帕、紙巾的用途相仿。

75

NG隨身物品

隨身攜帶下列物品，容易讓人覺得不具備一位大人應有的審美意識。

- 裝了太多發票、點數卡而漲得鼓鼓的錢包。
- 裡面的物品太雜亂，以致於東西找不到的包包。
- 「〇〇保險」「〇〇銀行」等公司行號贈送的紀念品。
- 用信封、橡皮圈等臨時用具代替鉛筆盒來裝文具。

76

眼鏡太髒

眼鏡、太陽眼鏡的鏡片上面易殘留指紋。戴的人或許不覺得，但旁人會覺得骯髒而介意。

眼鏡是你臉上最醒目的部分！

但別人不太會指出你的眼鏡髒了，因此請自己隨時檢查。

77 鋼筆字是優雅的象徵

寫謝卡或道歉函給長輩時，務必使用鋼筆。

其實，貴族幼稚園或是名門小學的入學申請書，到現在都還是採用紙本手寫的方式，因此建議你務必使用鋼筆書寫。

用鋼筆書寫，不但能表示對對方的敬意，也能展現出你的品味。請好好挑選一支你用得順手的鋼筆吧。

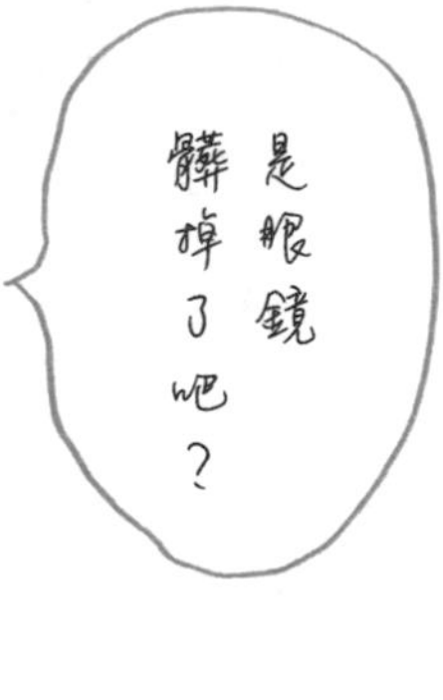

培養「好教養」的生活方式

- ☑ 衣食住方面絕不馬虎。
- ■ 該做好的事情，就每天都確實做到。
- ■ 保持享受四季、時節的心情。
- ■ 做好隨時都能從容見人的打扮。
- ■ 可以花錢花得很瀟灑。
- ■ 了解好東西的價值，並好好享受。

第 4 章

日常生活

體察四季、珍惜當下，心靈必然豐足。
實實在在地做好每一件事，如此久而久之，
心靈自然安適，生活自然優雅，
教養自然完美成形。

日常生活

78 享受季節活動

我在指導學生參加入學面試的禮儀時，總會有一種深刻的感想，那就是：「好好過生活的人」「教養良好的人」，毫無例外都很重視各個時節的活動。

從過年開始，立春、立夏等節分，端午、重陽等節日，乃至七夕、中元、中秋、除夕等，都會在家裡插一盆花、布置應景裝飾、烹製時節料理。能夠對四季的變化保持敏感度，並表現出感恩、祝福之意的人，肯定有一顆豐富、澄淨、美麗的心。

每逢中秋賞月時節，新聞報導便會說：「全東京花店的芒草被搶購一空！」可見大家都相當重視時節活動，而不少貴族幼稚園和貴族小學也很看重這種對四季的敏感度。因此，請利用桂花、瑞香的花香，培養孩子感受季節的能力吧。

79 對時序更迭纖細敏感

日本人自古重視四季，對時序遞嬗相當敏感。

例如「小春日和」，乍看下是春天的辭彙，其實是指晚秋到初冬時期，氣候恰似春天般溫暖怡人。

其他像是：「今天是驚蟄，春天就要來了啊。」「已經大寒了，應該會很冷

喔。」能夠這樣體察出立春、立夏、立秋、處暑、立冬、小雪等二十四節氣的女性，都會散發出生活優雅豐富的魅力。

80 面對不速之客，也能從容接待

「我就在這附近，過去找你一下可以嗎？」出現不速之客時，你能不慌不忙地說「歡迎歡迎！請過來」嗎？

如果連忙說：「不好意思，請等一下！」然後收拾屋內，整理服裝儀容，一般人可能要花上三十分鐘到一個小時的時間吧。

是否做好生活的基本功，例如物品用畢歸位、勤加打掃，也是衡量教養高低的一項指標。

81 美化玄關

玄關是家裡迎接客人的第一個地方，務必用心美化，不可將鞋子亂丟一通。

維持玄關的整潔美觀，即使臨時有客人上門，也能從容以對，這樣的自信感正是教養良好的表現。

82 喜愛蒔花弄草

插花也好、植栽也好，屋內或陽台有植物的點綴，心情和生活上都會更加地豐盛。日常生活中能夠從容地蒔花弄草、欣賞植物之美的人，肯定有一顆優雅的心。

83 做好垃圾分類

不會隨口說「啊，隨便啦！」，而是自然而然地做好垃圾分類的人，我們可以見微知著，推測她一定是位優雅從容、非常有公德心的人。

84 高級餐具要常拿出來使用

你是不是將家中餐具分成「平常用」和「宴客用」呢？

有段時間，我也會因為「這個很精緻，等客人來時再拿出來使用」「要是打破就糟了」而把高級餐具收起來，平常不用。可是，這種做法是真正的惜福愛物嗎？好東西不該只用來裝飾、收藏，而應該藉由好好使用來增加它們的價值，同時豐富我們的心靈。現在，我天天使用心愛的餐具，對餐具與食物加倍感恩，而且味覺敏銳，每次用餐都洋溢著滿滿的幸福感。

85 親手烹製料理

商務聚餐和社交聚餐自不在話下，即使是私底下，我外食的機會也不少。忙碌的你，是不是也經常外食，或是買現成的熟食回家呢？

不過，有時間的話，不論男女，若能為自己下廚，應該就算重視生活的人吧。

86 應極力避免垃圾食物

常吃零食或速食的人，通常毫無魅力可言。希望大家能多多認識食物，包括食材的品質與風味、道地的調味方式、添加物的知識等，認認真真地過好生活。

87 了解日本的傳統美食

貴族幼稚園、貴族小學的入學考試，相當重視家庭的飲食教養。

因此，平時就應順應時節，多加品嘗當令的食材，以及各種日本傳統料理。

例如過年時的年菜。年菜是一年之始，與諸神一同感恩享用的重要料理，而且每一樣都有吉祥的意義。

昆布卷、伊達卷、黑豆、栗金團等，幾乎所有的年菜我都做過。希望各位也能了解每一樣年菜的意義，進而以感恩的心來品味。

- 黑豆：勤懇。勤勉又健康。

- 鯡魚卵：子孫繁榮。
- 小鯷魚乾：五穀豐收。
- 牛蒡棒：家庭圓滿、繁榮。
- 魚板：消災解厄。
- 伊達卷：學識豐富。
- 栗金團：財源廣進。
- 醋醃紅白蘿蔔：平安、和平。
- 昆布卷：歡喜自在、子孫繁榮。
- 築前煮：蓮藕象徵前途光明，芋頭象徵子孫繁榮。

金錢

88 將錢包好再交給對方

把會費交給負責人，或是將借款還給債主時，請先「將錢放入信封或小紙袋中」。沒有養成這種習慣的女人，應該要反省改進。

給飯店人員小費時也一樣。直接露骨地給現金，無法表達出感恩與敬意。

如果事出突然來不及準備信封，也要添加一句：「沒來得及裝入信封裡，真的很不好意思。」加上這一句話，能大大影響別人對你的觀感。

89 隨時備妥新鈔

繳會費或償還欠款時，如果用的是皺巴巴的鈔票，是不是覺得很丟臉呢？如果你是要包紅包，或者對方是長輩，那就更失禮了。

隨時在身邊備妥新鈔以防萬一，就不會尷尬了。

請至少準備萬圓鈔和千圓鈔各五張，以及五千圓鈔一、兩張。錢包裡有幾張現鈔才安心，有急用時，匆忙跑去銀行或超商也未必能拿到新鈔。因此，好整以暇地事先換好新鈔，就是好教養的展現。

如果碰到週末銀行休息而換不到新鈔，用熨斗將紙鈔燙平也是一招，說不定對方還會發現你的細心呢。此時，依然要加上一句「沒能換成新鈔，很不好意思」喔。

90 小錢也要馬上還

只要是借款，即使金額很小都要盡早償還，這是做人的基本原則。沒有金錢觀念的人，誠實度容易遭到質疑而喪失信用。

91 別計較零頭

和朋友聚餐後分攤費用時，如果幾塊錢、幾十塊錢地錙銖必較，會顯得很小家子氣。不過，還錢的時候少一元都不行。分攤費用時，對金錢可以稍微大方一點。

92 太計較點數，會顯得心靈貧窮

節約、節儉、不血拚，是重要的美德。不過，處心積慮地賺取購物點數，再用點數來換購呢？如果只是個人的行為還好，要是常常拉著別人一起，「去那家店消費可以賺點數喔！」「在這家店的話，可以用累積的點數兌換！」這種言行就有損格調了。

而且，為了點數或少許金額而花費多餘的時間和心力，顯得心靈貧瘠。在能力範圍內買真正需要的東西、喜歡的東西、想吃的美食，才是成熟有教養的人。

93 不要太常讓別人請客

大家都有接受長輩或男性請客的經驗吧，若次數太多，會不會變得「理所當然」呢？雖然長輩多半是比自己富裕的人，但接受招待後，應在能力範圍內表示回報之意，例如準備小禮物（價格不宜超過長輩招待的價格），或是回請：「每次都是你請客，今天的午餐就由我來買單吧。」「那麼，下一次讓我請客喔。」

94 請客要有智慧

不論請客或是被請客，都要注意一下價格。請客的人要是先選便宜的餐點，被請的人就不好意思再點高價的餐點了。最好是先挑偏貴的餐點，並詢問對方：「你看這個如何？」或是自己先選一個價格偏高的餐點，才不會讓對方感到壓力。

反之，被請客的人也不宜挑選比對方貴太多的餐點。你可以隨心情選擇喜歡的美食，但價格不宜超過對方，才合乎禮儀。此外，若能準備回禮來表示謝意，就更周到了。

與人相處的基本要點

- ✔ 不要讓對方感到不愉快。
- ■ 不要讓對方丟臉。
- ■ 不要觸探對方的隱私。
- ■ 與謠言、壞話保持距離。
- ■ 對方失禮時，能夠嚴正回應。
- ■ 重視眼前的人。

第 5 章

人際關係

必須說出難以啟齒的話、
臨時想不起對方的名字、
不知該坐哪個位子才好……
人際交往上，
常常會碰到這種不知所措的場面。
這種時候，心中有定見的人，
就能不慌不忙地從容應對。

95 初次見面，不要像是在面試

和不熟的人交談時，很容易變成在面試。結婚了沒？有沒有小孩？先生在哪裡高就？什麼職位、收入多少等，這些個人資訊千萬不可問得太具體，應與對方保持適當的距離。

那要怎麼問呢？「你是從哪裡來呢？」「你住這附近嗎？」用這種婉轉的方式會讓對方比較沒有壓力，若能主動提供資訊：「我從○○來。」對方也會比較容易搭話。

96 與初次見面的人保持適當距離

有些人喜歡和別人貼得很近，特別是初次見面的場合，這種壓迫感會讓人感到不自在。應與人保持適當的距離，大約是伸直一隻手臂的距離。

97 與不熟的人交談時，應避免的話題

- 有沒有家人
- 本人或家人的公司名稱、職位、收入、學校名稱
- 年齡
- 詳細的住家地址
- 政治、宗教話題

98 迴避追問的方法

反之，面對對方的追問，該如何回應呢？例如，當對方問到：「你先生在哪裡高就呢？」

此時，不要用「這個嘛……」來表示困惑或企圖敷衍，你可以堅定地說：「我不方便說出公司的名字，只能說他在金融界服務。」這樣才能讓對方明白你是一個「很有原則的人」，或是讓他意識到，「啊，我問了不該問的事，很失禮。」

一位成熟有教養的淑女，要能明確畫出不能順著回應下去的紅線，但要注意措辭委婉。

99 一眼判斷席次

心中有著長輩、上司、前輩、顧客等上下關係，並且能一眼就判斷出屋內、店裡，以及電梯、汽車、電車等交通工具裡的上座與下座的人，表示胸有成竹，不論碰到什麼場面，都能準確地做好引導工作。請參考左圖，計程車與自用車的座位席次是不同的；自用車的話，副駕駛座才是上座。請好好留意一下。

計程車

自用車

100 觀察對方時的注意事項

與人見面時，有些人會把對方從上到下打量一番。或許對方是因為打扮得太出色而引人注目，但站在被觀看者的立場，難免覺得像是在被人品頭論足而不自在。

即使很喜歡對方的包包、衣服，也應忍耐一下，過一會兒再若無其事地打量。千萬不可冒失地直接問人家：「這包包哪裡買的？多少錢？」能否與對方保持適當的距離、問話方式得宜與否，都會透露出你的格調。

101 別參與八卦、壞話

當有人正在說別人的八卦或壞話時，有智慧的女性不會表示肯定，也不會表示否定。她們不會說出自己的意見，只會巧妙地避開這類話題。

「妳說對吧？」當有人想取得你的附和時，你可以不置可否地回應：「對了，……」及時轉換話題。

如果實在避不開，可以優雅地說：「我想到我還有點事。」然後自然地離開。當然，你應該慎選朋友，不要與愛聊是非的人交往過深。

102 「一視同仁」對嗎？

「一視同仁」幾乎都是褒義詞，但這樣真的對嗎？

我認為，應該依照朋友、家人、客戶、長輩等身分的不同，分別採取適當的遣辭用字，甚至必要時，應調整自己的個性。

展現你真實的自我態度或許魅力十足，但未必放在任何場合都是適當的。

103 勿炫耀自己的家人

「我爸爸的公司啊……」「我哥哥是○○博士」，這類炫耀家人的話，會讓對方聽得不是滋味。

「家世」不等於「教養」。

想贏得別人的好評價，得先琢磨自身的人品才行。

104 別讓人枯等

這是做人的基本道理。沒有時間觀念的人，容易給人生活散漫的印象。在商務場合，「準時」視同遲到，日本人通常會在約定的五分鐘前抵達。

萬一遲到了，必須在約定時間之前先聯繫對方。等過了約定時間才說：「對不起，我會遲到。」就太遲了。

預計會遲到時，應先聯繫對方：「我有可能遲到喔。」以避免對方空等。那麼，這段時間，對方就能去喝個茶、逛逛街，不會浪費時間。

105 告知對方等待的時間

如果不得已必須讓對方等待，可以明確告知時間：「我會遲到五分鐘喔。」「我十分鐘後回來。」就不會給對方多餘的壓力。

此外，你有這種經驗嗎？講電話時，對方丟下一句：「等一下！」然後就這樣讓你苦等好幾分鐘、坐立難安。

遇到這種情形，應該把話說清楚，例如：「不好意思，可以讓你等個一分鐘嗎？」「抱歉，我先去忙一下，等等主動打給你好嗎？」

能夠告知時間的人，表示他是個能為對方著想、誠實無欺的人。

106 不要頻頻看錶

因為在意時間而在交談中頻頻看錶，可能比你想像的更引人不悅。或許你也不想引起注意，但這個動作就是很難讓人不在意。

如果你真的在意時間，直接說：「現在幾點了？啊，還好，沒事。」還比較乾脆一點，也不會給對方壓力。能夠注意到這些細節，才是有教養的人。

107 重視眼前的人

幾個人待在一起，卻各滑各的手機……最近這種畫面越來越常見。與身邊的人好好聊天相處是基本的社交禮儀，但如果碰到不得已的狀況，例如會有緊急的訊息或電話進來時，應先跟對方打聲招呼：「不好意思，待會兒可能會有電話進來……」

等到電話或訊息進來時，可以說，「我可以看一下訊息嗎？對方好像很急。」「我回一下信好嗎？」只要先禮貌地知會一聲，相信對方都能接受。

總之，為避免造成對方不悅或久等，應事先告知才對。

108 不要說「隨便」

當對方問你「想做什麼？」「想吃什麼？」時，一位有教養的淑女絕不會回答：「隨便。」

即使你是出於善意，想以對方的喜好為主，或者真覺得無所謂，不過這種心情沒有好好表達出來的話，反而會讓人以為你缺乏主見、優柔寡斷、是不是沒興趣、是不是不開心等。

一位成熟有魅力的人，不會提出堅決的主張，而會委婉地提議：「〇〇好像有△△展，你有興趣嗎？」「今天好熱，去吃南洋料理好嗎？」

此時，若能提出兩、三種選項供對方參考，就能表現出你的細心，也能增進彼此的情誼。

109 溫和地表達意見

不要直接大剌剌地說出自己的意見，而是採用溫和婉轉的態度，意思明確的表達出來，這樣的從容大度才能教人刮目相看。

轉述別人的話語時也一樣，不要直接說：「○○為了這個事很頭痛。」而是說：「○○希望事情最後能夠以△△收場。」能夠委婉表達的人，肯定是教養良好的人。

110 讚美、指責、反駁時

讚美要在人前；反之，指責、反駁、糾正、怒斥等情況，就要在避人耳目的地方，這樣的用心和體貼，才是有教養的展現。

而且，還能讓人感受到優雅的生活方式與美學。

111 直接道歉，不找藉口

道歉時，第一句話就應先直接說：「非常對不起。」如果進一步顧慮對方的心情，就再補充一句：「讓你感到不開心，真的很抱歉。」

重點是，不要先找藉口。因為有再多委曲，也改變不了讓對方不開心的事實。

例如遲到，不論是因為車禍或車子故障，一律都應先道歉再說，或者等對方問起時，再說明原由。

112 優雅的拒絕方式

從拒絕邀約的方式，可以看出人品的高低。

「我很不會拒絕人……」「他都這樣邀約了，不去不好意思，只好答應……」你有過這種無法拒絕、勉強接受的經驗嗎？

優雅的拒絕方式是「感謝＋遺憾＋理由＋道歉」。

一定要有感謝和道歉。如果不能給出明確的回答，只是說：「搞不好那天有事……」會讓對方難以安排。

「啊，很開心能獲得你的邀約，非常感謝。可是，真的很不巧，那天我有個家長會要參加，真的很抱歉，下次有機會再請你約我喔。」如此禮貌地表達後，相信雙方都能繼續愉快地來往。

113 不讓對方覺得丟臉

和朋友一起去傳統的日式料理餐廳，在玄關脫鞋時，如果朋友的絲襪脫線、破洞了，你會怎麼做呢？很多人會告訴對方：「啊，你的絲襪破了！」或是刻意視而不見。

可是，如果對方自己也注意到了，恐怕會害怕被人看見而丟臉。顧及對方的心情，也是有教養的表現。此時，你可以表達同理心：「啊，破洞了……怎麼辦……」或是幫忙想辦法：「要不要去超商買新的？」也可以說出自己曾有相同的經驗，總之，應設法讓對方放鬆心情。

114 回報結果

不論是商務或生活上，當友人介紹某人或某家餐廳給你時，之後不論有沒有結果，都要向對方回報並致謝，這是基本禮貌。「謝謝你前幾天介紹〇〇先生給我認識，託你的福，後來我們做成了一筆生意。」「謝謝你介紹〇〇小姐給我，我們約下週要見面。」「你上次介紹的那家店，我前幾天去了，買到很不錯的東西，真的很謝謝你。」這些理所當然之舉，你都做到了嗎？

115 說「託你的福」是沒自信的表現？

經別人介紹而認識重要的人，或受邀參加高級聚會時，有些人在社群網站上發布的訊息會故意不提「經〇〇先生的介紹」「承蒙〇〇小姐的介紹」「託〇〇女士的福」，彷彿那是全憑他自己的人脈或關係才出席的。

這種做法讓人感覺他是因自卑而自傲，也會覺得這個人太沒品了。

第5章

人際關係

這種時候該怎麼辦?!

116 想不起對方的名字時

大家都有認不出對方、想不起對方名字的尷尬經驗吧。這種時候要是說錯話，可能會惹得對方不高興，或是令對方大感失望。

更不該說：「我真的完全想不起來……」這會讓對方很丟臉。

你可以說，「我記得你，只是一時想不出大名……」這類不完全否定的說法，相對來說會比較順耳。

千萬不要讓對方覺得你根本不重視他而感到失望。

117 當對方想不起我們的名字時

反之，有時會碰到對方想不起我們名字的尷尬狀況。這時，也別因此讓對方難堪。

若察覺對方不知所措，不妨主動從容地說：「九月的時候，我在〇〇見過你，我叫〇〇，感謝你當時的關照。」

重點在於提示見面的時間、地點、情境。

118 不得不和不熟的人在一起時

和不熟的人順道回家，會不會覺得尷尬呢？一直沉默不語很失禮，但又找不到共通話題……這時，與其一味忍耐且感受到雙方的壓力，不如在顧及對方的心情下，聰明地打破僵局。能做到這點，就是兼具判斷力與行動力的智慧女性。

例如，和只在商務場合見過一次面的人順路一同前往車站，或者家長會聚會結束走出校門時，你可以說，「不好意思，我要先回一封信。」「我的小孩託在我媽那裡，我要先打個電話。」接著直接說：「你請先走吧。」當場明確地告別，兩人都會比較輕鬆。

119 走得快一點或慢一點，錯開距離

走在路上或大樓裡的走廊時，後面的人始終配合你的速度跟在後面或旁邊，也不超越你，你會覺得很怪吧；碰到這種情形，我甚至會想，對方是不是不太愉快？

尤其是夜晚，走在昏暗的路上，要是前方有女性，男性都應該特別留意走路的速度。

請把握一個原則，距離應與前面或旁邊的人錯開，走得快一點或慢一點，才不會徒生困擾。

120 出電梯後的貼心

在大樓搭電梯時，遇到陌生人與你同時走出電梯時，如果你的速度和他一樣，就會有點尷尬，何況對方或許不想讓你知道他住哪一間。

因此，這時候你可以快速超越他，或是放慢速度，與他保持適當的距離。

這樣貼心的舉動，是一種智慧的展現。

121 當服務生說「請隨意坐」時

這是發生在某家咖啡館的事。那天，寬敞的店內都沒有客人，簡直像是朋友和我的包場般。就在我們輕鬆愉快地喝茶聊天時，傳來「歡迎光臨，請隨意坐」的招呼聲，一對男女走進來。我們以為他們會坐在距離我們稍遠的座位——這不是理所當然的事嗎？不料，他們竟選擇坐在我們旁邊！那座位並沒有特別的風景，也不是舒服的沙發座，況且店內仍舊十分寬敞，坐哪裡似乎都一樣，我真的被這兩位不懂得保持距離的人給嚇了一跳。

搭公車或電車也一樣。明明空位很多，有人卻偏偏坐在我們旁邊，不是很怪嗎？但也有人很細心，只要一出現空位，就會改去坐那個位子，以保持禮貌的距離。

雖是一件小事，但有教養的淑女應隨時保持適當的距離，不給別人壓力。

122

和不太熟的人在同一家餐廳裡

如果對方是你認識但不太熟悉的人，或者是不想交談的人，當你們共同出現在餐廳時，會有點小尷尬吧。這時，你可以禮貌地寒暄，然後選擇一個不會與他四目交接的位子。這種為對方設想的貼心，就是在展現你的好教養。

123

在初次見面的男友父母面前，該如何稱呼男友？

初次到男友家裡拜訪，在男友的母親面前，該怎麼稱呼男友呢？能提升好感度的稱呼方式是加上敬語，亦即「〇〇先生」。尤其初次見面時，千萬不要在對方家人面前隨意地稱呼男友的小名，也不可以直接叫綽號，免得讓人質疑沒有家教。

124 該怎麼稱呼男友的媽媽？

我建議的稱呼是：「○○媽媽」。

例如，像是「因為我聽說○○媽媽很喜歡吃栗子」「○○爸爸很常出差是嗎？」這樣，在前面加上男友的名字。雖然有點冗長，但初次見面時，這種稱呼方式比較不會出錯。

等關係熟稔後，就可以直接稱呼「伯父」「伯母」了。能夠依場合做適當的稱呼，表示有良好的人品與教養。

125 如何開口要錢？

借出去的錢，總希望對方能快點還，但如何啟齒是個難題；如果金額不大，就更開不了口。建議這種時候可以先說「啊，我老是忘記……」「對了！我突然想到……」，表示並非故意提起，而是臨時想到的。

如果還是不好意思直接開口，可以採用問句的方式喚起對方的記憶，例如：

「上次我是不是借你錢啊？」「上回我到底借你了多少錢，怎麼一時想不起來……」

如果還想繼續跟對方來往，就更要把帳算清楚，才不致留下芥蒂。這種破題的方式，也很適合用在索討借出去的ＤＶＤ或書籍喔。

126 拒絕對方的好意時，別忘了致謝

有時，對方的善意之舉，反而造成我們的困擾。

這時，務必先感謝對方的好意，接著，不要斷然拒絕說：「不用了。」而是表示自己或當事人可以解決：「你的好意我心領了，我想我可以應付的。」「○○小姐很厲害，交給她沒問題。」這種委婉的拒絕方式比較不會惹得對方不悅。

column

讓男友嫌棄的言行舉止

◎喝湯時發出聲音

用餐發出聲音是一大禁忌，但很多人不自覺，還有人是聽我在餐桌禮儀課上指出這點，才恍然發現自己有這個毛病。因為違反這項禮儀，或是觸犯對方無法忍受的禁忌而分手的事，更是時有所聞。

我的禮儀學校就常接到來自男友的報名，「我很受不了女友吃東西的樣子，想叫她去上餐桌禮儀課程。」「希望在帶她見我爸媽之前，先請你們教她正確的餐桌禮儀。」

可見用餐行為不可小覷，不但是教養的展現，也會影響雙方的感情。如果有打算要同居，千萬得好好正視這個問題，畢竟每天都要一起吃飯，當然會要求對方改進。

◎ **說話粗魯**

老是語氣粗魯、用辭低俗的話，男方會想，「這種人怎麼介紹給我的父母和朋友認識啊？」如此一來，兩人的關係自然無法修正成果。想要建立親密關係，就得多注意日常的說話方式。

◎ **粗枝大葉**

老是展現「粗魯」「粗野」「邋遢」「大剌剌」這些態度，如果以結婚為前提的話，這種女人會讓人退避三舍。

「邊走邊吃」「站沒站相、坐沒坐相」「不懂察言觀色」等，粗枝大葉又低俗的人，往往當不成結婚對象。

◎不懂得道謝

受人幫助、請客、饋贈時，務必當場致謝，最好事後還能再道謝一次，例如隔天鄭重打電話或發訊息道謝，以及下次見面時，再當面道謝一次。

其實，身為協助和餽贈的一方，通常都不會忘了自己的付出，因此在社交上，道謝就顯得格外重要。「謝謝你那天的招待。」「上次那件事，多謝你的幫忙。」務必記得好好表達謝意。

◎金錢觀不同

嫌對方太看重錢、嫌對方老是錙銖必較，或者嫌對方愛亂花錢……與金錢觀不同的人交往，肯定會嫌東嫌西而磨擦不斷，甚至關係維持不下去。請反省一下，你的金錢觀會不會太計較或太寬鬆呢？

◎ **愛抱怨、愛碎念**

寬以待人是從容大度、教養良好的表現。然而，有些人換了立場就換了態度，例如變成愛客訴的奧客，這樣的人品當然不可信賴。

如果只是小事一樁，希望你能把客訴的衝動化為一笑置之的理解，能夠維持場面平和，才是受人歡迎的紳士淑女。

表達心意的言行舉止

- ✔ 掌握基本禮儀與原則
- ■ 掌握禮儀與原則後，靈活應變
- ■ 表達心意的貼心之舉
- ■ 設身處地為對方著想
- ■ 過猶不及，凡事恰到好處
- ■ 務必記得道謝及回禮

第 6 章

拜訪、送禮

拜訪及送禮是一門學問，
也有一定的禮儀與原則。
請先掌握基本要點，
再根據對方的狀況及場合，做適當的發揮。
只要設身處地為對方及其家人著想，
必有最佳表現。

伴手禮

127 致贈伴手禮的方式

祝賀、逢年過節，或到長輩家中拜訪時，大家都希望自己表現得宜吧。

致贈伴手禮時，正確的方式是將禮物從紙袋中拿出來再交給對方。不過，還是要看情況，如果是在店裡、走廊、戶外，或是有職員在場的商務場合、對方時間緊迫的情況下，連同紙袋交給對方，才是合宜的行為。

請先掌握基本的禮儀，再根據當時狀況做適當的發揮，就能予人教養良好的印象。

128 挑選伴手禮的注意事項

- 對方若是獨居，應考量禮物食品的分量及賞味期限。
- 對方若是年長者，應避免致贈堅硬的食物。
- 對方的家裡若有小孩，可選擇小孩也喜歡吃的食品。
- 不要在拜訪地點的附近購買伴手禮。
- 先行了解對方的興趣、喜好。
- 季節限定或限量的點心，能表現出對方在你心中的特殊地位。

129 送幾個才正確？

日式點心的話，一般認為奇數才正確，但最近不介意個數的人越來越多了，只要不是探病，四或九個並非忌諱，人人有份即可；如果能多送一些，然後說：「請和你先生一起享用。」就更加周到了。

對方是不是長輩、有沒有特別的堅持與講究……有教養的人，應該學會根據狀況選擇合適的伴手禮。

130 送「手做」伴手禮要注意

從前，贈送親手做的點心當伴手禮，更能表現出真心實意而受到歡迎，但最近因衛生疑慮或過敏問題而覺得困擾的人也不少。若致贈的對象並非你的親朋好友，最好考慮清楚。總之，有教養的人一定要培養出符合時代文化、為對方設想的敏銳度。

131 商務上的伴手禮須知

- 避免冷藏或冷凍食品。
- 避免要用刀子切開的食品。
- 判斷應送給個人或公司部門之後再選購。
- 若是送給部門全員，應選擇單獨包裝的食品。

132 表達出「專為重要的你」而精心準備的心意

若能傳達出這份伴手禮不是順手買的，而是專程精心挑選出來的，我想對方會覺得受到重視而開心。

例如，到對方家裡拜訪時，如果順道在附近的車站買伴手禮，會給人隨意打發的印象，最好避免；反之，如果只有某家店才買得到、大排長龍才買到的、公認很難買到的伴手禮，就能提升「精心準備」的好印象。

133

選擇自己也喜歡的伴手禮

該送什麼伴手禮，真的讓人費神。我的建議是，可以贈送你吃過覺得好吃的食品，或是真心推薦對方品嘗的食品。

不過，應該事先調查好對方的喜好。有人出於健康問題必須忌口，或者不喝酒，你卻送了白蘭地口味的點心，那就糟蹋了送禮的心意。如果對方家裡有小孩，可以贈送小孩也喜歡的點心。先行了解對方的喜好和禁忌，送禮才能安心。

將對方的家庭成員也一併考量進去，可充分展現你的品味與教養。但不必大費周章，在想得到的範圍內精心挑選即可。

134

小朋友的聚會，也要讓孩子帶點小禮物去

即使只是小朋友在鄰居家聚會，如果能讓孩子也帶點小禮物過去，對方會覺得你們母子的教養都很不錯。

而且，如果不只準備小朋友的，也準備了送對方媽媽的小禮物，更會讓人讚歎：「不愧是好教養！」就算只是帶上餅乾之類的小東西都無妨喔。

135 轉贈用不到的東西，會讓對方失望

有人送禮給我，但我自己用不到，於是轉贈他人，並不是一件壞事，但這種情況僅限於對方收到會開心的禮物。如果礙於「不需要」，或是「丟掉可惜」等罪惡感而轉贈給別人，就太失禮了。

送禮的不變原則是「對方收到會很開心的禮物」「希望對方享用的禮物」。如果轉贈了明顯與對方期待不符的禮物，等於表明自己不用心而令對方失望，這種沒品的行為千萬要避免。

136 送禮的禁忌

- **不宜送長輩鞋子和襪子**

鞋襪會令人聯想到「踩踏」。

同樣地，有「期許勤勉」意味的文具物品也應避免。

- **喬遷、新居之喜不宜送紅色、與火相關的物品**

這些物品會讓人聯想到「火災」，因此即使是香氛蠟燭等時髦精品也應避免。不過，如果是對方表明有需求，或者是寫上了「原本算是失禮，但……」這類為了祝福才獻上的紅色愛心卡片，就不在此限。

掌握一般常識與基本禮儀，善加判斷對方的心情與狀況，並用文字適切地表達心意，就是教養良好的展現。

137 慎重地打開禮物

歐洲人喜歡將禮物包裝撕得破破碎碎，表示開心和迫不及待的興奮之情。但在日本，還是遵守日本的禮儀才好。

日本的禮物通常包裝精美，甚至會有特別的裝飾，因此慎重地打開才能表現出對對方的敬意。事實上，日本人也多半喜歡這種方式。

138 別忘了好好道謝

收到禮物或得到幫助時，你都會好好道謝嗎？

請你一定要在當天，最遲隔天，用寫謝卡、打電話或發訊息的方式向對方表達謝意。而且下回再碰面時，也別忘了再次表達感謝，這是教養良好的展現。

139

感謝大家前來聚會的小禮物

朋友專程前來為你慶生或祝賀時，別忘了為大家準備一點小禮物，此舉能讓人感受到你的細心與周到。

140 記得回禮

有小孩的家庭，常有機會收到來自親戚、朋友、認識的人、媽媽友等贈送給小孩的小點心、衣服等。若不是太高價的東西，往往事後就忘了，而且每次都要回禮也很麻煩。

不過，容我提醒你，即使你忘了收過禮，送的人可是記得很牢喔。如果你想繼續維持友誼，可以每隔幾次就好好回禮一次。

當然，不一定要回贈禮物，也可以用幫忙、讓對方開心的方式來表達謝意。

141 回禮不可過早或過晚

收到人家的賀禮後，你的回禮時間應該在「收到後一個月內」。太晚回禮是失禮的，這點不在話下，至於太早回禮的話，也會給人「早就準備好了」「沒有好好挑選禮物」的印象。不過，只是道謝的話，最晚在收到賀禮的隔天就要表達謝意。

回禮的金額通常是收禮的一半。如果是朋友之間贈送的小禮物，可以在下次見面時再回禮；但如果下次見面的時間是明年或者半年以後，你就得製造見面機會來回禮，或者重新送禮。

142 回禮要回到什麼時候？

回禮後，又收到對方的回禮……這樣下去似乎沒完沒了。收禮後的回禮，應該在回禮時就告一段落了。但比較不容易拿捏的，是彼此的往來要持續到何時。

我的建議是，你可以減少回禮的次數，觀察對方的反應後再審慎回應。

拜訪

143 適合的拜訪時間

避免在用餐時間拜訪別人，是基本禮儀。一般來說，上午十點到十一點，下午兩點到四點是合適的時間。

商務拜會的話，提早五分鐘到是常識，準時到場反而會被視為遲到；但若是一般的家庭拜訪，太早到會讓對方措手不及，遲到五分鐘左右才來，反而是一種貼心。不過，會遲到十分鐘以上的話，就要先打電話告知一聲。

能夠視情況而謹守禮儀，久而久之，你的教養肯定會越來越教人讚歎。

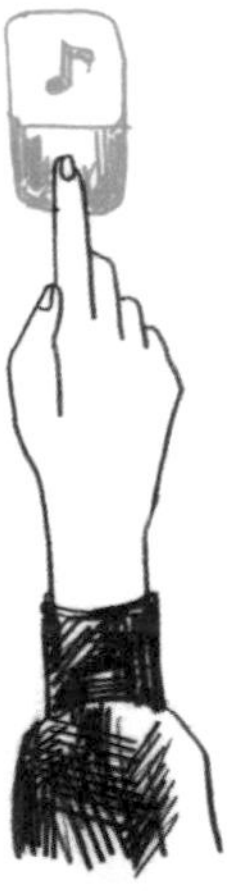

144 穿著不宜暴露

特別是去拜訪男友的父母家時，記得做典雅的打扮，不宜穿著太暴露或太緊身的服裝。請以男友父母親的視角來看自己。

此外，考量到有可能會在和室聚會、需要跪坐等，建議穿著長度在膝蓋以下的寬襬喇叭裙，這樣就算雙腳稍微放鬆，也不至於太引人注目。

記得穿上襪子，即使夏天也要穿著絲襪，這可是基本禮儀喔。

145 必備用品

設想周到，不造成身邊人的困擾與不舒服，是好教養的重點表現。

- 在和室活動，夏天最好準備一雙白色襪子。
- 如果是雨天，應準備小毛巾、替換的襪子。
- 需要帶小孩赴約時，為避免造成對方的困擾，應準備給小孩的玩具、繪本，或者不會邊吃邊掉屑的零食。

146 脫外套的時機

到別人家裡拜訪時，要在哪裡脫外套呢？如果對方住的是公寓大樓，是在電梯裡脫，還是在玄關前？正確答案是：在按下門鈴之前。

在按下門鈴前，請先脫下外套，包括手套、圍巾、帽子等禦寒衣物，接著整理服裝儀容。尤其是到男友老家、恩師家等長輩家裡拜訪時，務必仔細整理好後再見對方。

147

拿外套的方式

把外套裡外翻面的目的，不是為了怕弄髒，而是為了避免將外層的灰塵掉在別人家裡。能夠處處為對方著想的人，才是有教養的淑女。

優雅的外套摺法

1

雙手伸入外套的雙肩。

2

雙手併攏，
將外套的右肩內外翻面，
順勢套在左肩上。

3

長度對摺，
掛在手臂上。

148 正確的座位席次

教養良好的人，一定要知道正確的席次，表現出對正式場合的嫻熟。到別人家裡拜訪時，即使知道主人會客氣地邀請你坐在上座，也要在受邀之前，先找適當的位置坐下，等待主人入座。

● 西式房間的座位

距離門口較遠的座位為上座，較近的座位為下座。若以椅子的種類來分，從上座起的順序是「長椅」→「扶手椅」→「靠背椅」→「無靠背椅」。靠近裝飾牆、插花、繪畫等的座位，通常是上座。

● 日式房間的座位

若是和室，可以用「床之間」的位置來判斷。在床之間前的是上座，近門口的是下座。如果沒有床之間，距離門口較遠的、有花瓶等裝飾的那一側是上座。

第 *6* 章

拜訪、送禮

西式房間

日式房間

149 放包包的位置

到別人家拜訪時，如果不知道包包該放哪裡，可以視包包的種類判斷。若是通常放在地板上的包包，就放在地板上；若是手提包，就放在身後。

到正式場合或長輩家拜訪時，從放包包的位置即可窺知教養程度。沙發旁、旁邊的椅子上、自己坐的椅子的椅背、地板上……從你放包包的位置，可以充分表現出你對主人的尊重之意。

150 出門之後再穿外套

和進門前相反，當結束拜訪而要告辭時，應等到出門後才將外套、帽子等衣物穿戴上。但如果主人說：「外面很冷，快把外套穿上吧。」就可以回應一聲：「不好意思。」然後把外套穿起來。

招待、陪同

151 優雅的陪同方式

陪同客戶或長輩出行時，你知道自己該走在前面還是跟在後面嗎？能夠自然流暢地陪同對方，不造成對方行動的阻礙，才算得上優雅有教養。

引導客戶走進屋內時，應走在客戶的斜前方。打開門時，如果是向前推開式的門，則自己在前方先進入，如果是向旁邊拉開式的門，就要請客戶先進門。

〈其他的陪同方式〉

• 進入餐廳

進入飯店或餐廳，基本上是女士優先，應讓女士或受招待的人先行進入。

• 電梯

進出電梯時，應該客人在前、自己在後，並說聲：「你先請。」

• 手扶梯

基本原則是「客人在上」，因此上手扶梯時自己站後方，下手扶梯時則站前方。

152 倒茶不可倒滿

端茶水時，要特別注意水量，這也是教養良好與否的表現。如果將日本茶倒到九分滿，或是讓咖啡、紅茶滿到杯緣，難免讓人懷疑是否不曾正確地喝過茶。日本茶宜倒到七分滿，咖啡、紅茶則是八分滿。

153 蛋糕、茶品的擺放方式

蛋糕等點心應放在客人的正前方，茶水則放在客人角度的右方。如果只有茶水，則放在客人的正前方。

一些小細節也不容馬虎，例如，應把蛋糕邊緣的透明包裝紙拿掉，方便客人享用。深諳餐桌擺設的人，舉止間便能傳達出生活優雅的訊息。

• 紅茶的端茶方式

倒茶時，應以單手持壺，不要按住壺蓋。茶杯應放在茶碟上，並以托盤盛放。倒好茶後，從長輩開始，依序奉茶。一般習慣的擺放方式是，茶杯的把手朝右，茶匙放在靠人的這一側。

• 日本茶的端茶方式

倒好茶的茶杯和茶碟應分別放在一個托盤上，再一起端出來。先用布擦拭一下杯底，然後放在茶碟上，從客人的右側奉茶。茶杯上的圖案應對著客人，讓客人可以清楚看見。和倒茶紅茶時不同，務必用另一隻手按住壺蓋再倒茶。

招待茶水時，水溫也要注意，通常煎茶是六十至八十度，焙茶是沸水，玉露則是五十至六十度左右的溫水。

154

送行要送到看不見對方的身影為止

送長輩離開的話，務必送到門外才行。

如果住在大樓，就送到電梯前，並且陪伴直到電梯門關上為止。若是獨棟房屋，日本人的基本禮儀都是要送到對方轉過街角、身影消失為止。這樣的用心必定能留下好印象。

155 家庭派對與帶美食前往的常識

● 比預定時間晚一點到

參加人數眾多的家庭聚會時，主人恐怕會忙於準備食物及餐桌擺設等，而無暇招待提早到來的客人。因此，一般的拜訪禮儀不是準時到，而是比預定時間稍晚一點抵達才對。也就是說，參加家庭派對時，你可以比預定時間稍微晚個十分鐘到。

● 帶去的美食應是可即食的菜餚

參加一家一菜的派對時，如果還要請主人做最後的加工、跟主人借廚房，會打亂對方的節奏，徒增困擾。

● 若是需冷藏、冷凍的食品，需先確認

當天，主人的冰箱可能裝滿了各種食材，如果你要帶冰淇淋或蛋糕等需冷凍

或冷藏的食物，應事先詢問主人有無多餘的存放空間。

● 帶伴手禮給主人

即使主人說：「大家不必帶東西，空手來就好。」有教養的淑女還是不能空手前往。記得帶花、巧克力、葡萄酒等伴手禮，以表達對主人舉辦這場聚會的謝意。這個感謝之禮是省不得的。

● 詢問要不要幫忙收拾

在處理家務上，每家都有每家的習慣與規矩，有時你想幫忙，卻可能徒增對方的困擾。所以，如果對方說過兩次「我來就好，妳去休息吧」，那就恭敬不如從命。

第6章

拜訪、送禮

column

這樣的孩子，一定能錄取貴族學校

我的「名校親子禮儀教室」指導過很多孩子，哪一種孩子會讓我直覺感到「他一定能順利過關」呢？就是「教養良好、氣質出眾的孩子」「品格高尚、氣宇軒昂的孩子」。淘氣的男孩也好，害羞的女孩也好，關鍵是，能夠適時表現出讓人眼睛一亮的人品與氣質。教養非一日所成，但永遠不會太遲，就從今天做起，一定可以成為「教養好而人見人愛的孩子」。

◎能夠大方地進行眼神交流

考試那天，從進入校門開始，就會碰到許許多多打招呼的場面，例如引導的人、在休息室的老師、接待的老師，以及行為觀察的老師、面試的老師等。這時候，能否不在父母的催促下，主動有禮貌地打招呼並進行眼神交流，十分重要。

因此平常就要做好訓練，即使只是短暫的交流，也要落落大方地從正面看著對方，彬彬有禮地打招呼。

◎行動「有張有弛」「動靜合宜」

既然是小朋友，玩的時候就要活潑地玩。不過，當老師示意「集合！」「停！」的時候，能夠立刻轉換心情並採取合宜行動的人，肯定能順利錄取。當然，「別的小孩也沒在聽」「大家都還在玩」不能成為藉口。此外，邊走邊拿東西給人、站著吃吃喝喝這類「同時做兩件事」的行為，也是扣分項目。

◎能夠說出自己的意見

入學考試時，免不了要回答很多問題，除了個人的單獨面試、父母在旁的親子面試，在行為觀察的過程中，也會隨時被問問題。這時，如果孩子會偷瞄父母、扭扭捏捏、沉默不語，或是只會回答補習班及家人教的刻板答案，立馬會被看穿而與無緣入學。有教養的孩子即使在面對困難的問題時，都會努力思考，並用自己的方式回答。

◎體驗並熟悉各種時節活動、當季食材等

從過年開始，節分、女兒節、端午節、七夕、中秋、除夕等重要節日都能好好掌握，是最基本的要求。請至少跟孩子分享一下各種季節活動的由來及想法，陪孩子一起好好過生活。

◎做自己思考過且認可的事

不隨波逐流，凡事能夠經過思考再採取行動的小孩，一定會受到許多學校的歡迎。培養出誠正信實、有正義感的孩子，是所有父母的心願。

◎能夠謙讓、分享

能夠分享零食和玩具嗎？能夠守規矩地輪流玩鞦韆和各種遊戲嗎？能夠爽快地禮讓別人嗎？還有，能不能讚美別人？這些都是非常重要的品格。當孩子的行為出現某些問題、有必要修正時，家長能否給予適當的指導，將大大左右他的人生。

◎能夠惜福愛物、事後收拾整潔

有人是急驚風，有人是慢郎中，儘管個性不同，但都要懂得惜福愛物。能夠順利錄取貴族學校的孩子，即使性情急躁、行動快速，也一定會好好收拾玩具、摺疊衣物，甚至圍巾、三角巾的打結方式都能做得確實又漂亮。他們把教材還給我時，也都是彬彬有禮的喔！

氣質高雅的言行舉止

- ✔ 謹守規矩。
- ■ 能用公認的常識做判斷。
- ■ 大方表達正當的要求及主張。
- ■ 尊重在場的人。
- ■ 讓在場的人都如沐春風。

第 7 章

公共場合中的言行舉止

有許多人在的公共場合，
需特別留意言行舉止的格調。
例如，即使日後不再碰面，
也要對在場的人表示尊重。
有教養的人，
會讓在場的所有人感到如沐春風。

購物、試衣間

156 試穿過的衣服不可直接放回去

試穿過的衣服，應將拉鍊拉上、釦子扣好後再放回架上。可別裡外翻面就丟回去，那太沒品了。花點小工夫把衣服整理好歸位，才是有教養的表現。

157 在試衣間脫下的鞋襪都要乾淨整潔

試穿時脫下來的鞋子，必須好好擺放整齊，鞋頭朝外。如果鞋子亂放、鞋頭朝內而沒轉過來，就洩漏出日常生活的散漫了。

還要留意脫鞋後，會不會暴露出破洞的襪子、歪曲的趾甲等。

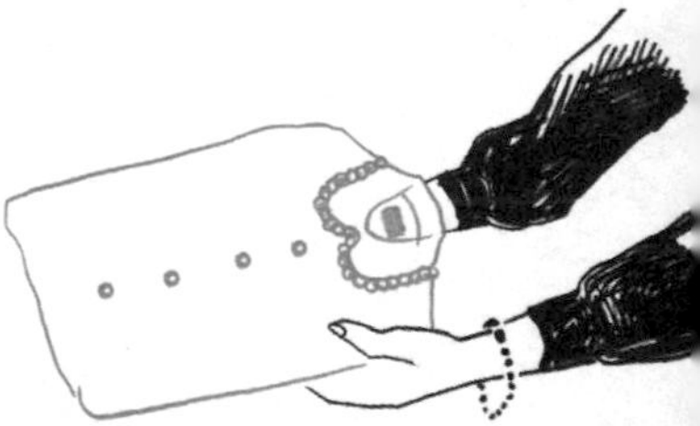

隨時隨地都能大方脫鞋不丟臉的人，表示他的個性嚴謹、生活有度。當然，去鞋店試鞋時，也要注意這些問題。

158 不買也要態度大方

常有學員跟我說：「試穿後不滿意，但不好意思不買……」

試穿就是要試出尺寸合不合、風格搭不搭等，因此，不符期望的商品就該聰明地拒絕。但拒絕時，記得向用心服務的店員道謝或簡單地道歉：「不好意思，讓你拿出這麼多衣服……」「謝謝你的熱心介紹。」

優質的客人會讓人想提供優質的服務。當你給店員留下落落大方的印象後，說不定下回就能優先收到喜歡的商品資訊或優惠通知。

159 婉謝店員的送行

訓練有素的店員，在你買完東西後，會幫忙把東西提到門口，送你離開。但我的作法是，只要不是太重的東西，通常會說：「不用了，謝謝。」「謝謝，我自己拿就好了。」不知大家喜歡哪種方式？請大方地表達出來。

在劇場、美術館

160 不要將大包包帶進美術館

放假日或節慶，不論哪家美術館都很擁擠，有些人會把大包包帶進去，干擾到其他的觀賞者，也破壞了靜靜欣賞藝術作品的氣氛。多餘的行李應放在置物櫃才對。

161 進入劇場該保持優雅

許多劇院明訂不可中途入場，因為入場之後，匆忙找到位子就座的這段過程，會影響到他人。為顧及其他觀眾的權益及心情，此時應先站在後面觀賞，等到中場休息或有適當時機再及時入座。在電影院也一樣。

這些理所當然的行為，你是否都自然地做到了呢？

162 中途離席時

反之，會中途離席時，應事先告知服務人員。

也可以詢問靠走道的觀眾：「我等等必須中途離席，可不可以跟你換一下位子？」中間位子的視野較好，對方應會樂意交換吧。像這樣，能夠做出正確的判斷，自然地提出建議或討論，大家才能愉快地享受演出。

163 身體務必靠在椅背上

當看得太入迷、身體不自覺地離開椅背往前傾時，會給人「不常看劇」的印象，而且會妨礙到後面觀眾的視線，造成不便。有教養的淑女應該培養出隨時留意周遭的敏感度與體貼。

164

留意聲音與味道

不僅要留意打開三明治、飯糰、零食包裝時的聲音，也要留意走路時購物袋發出的聲響，飲食的咀嚼聲更是不在話下。

進一步希望大家留意的是食物的味道。由於當事者很難察覺，因此挑選時必須特別留意。劇場、電影院通常有個別的飲食規定，別忘了確認。

旅行、搭車

165 在公共場所應輕聲細語

在電車、電梯、化妝室裡的對話，其實比你想像的還容易被聽到。請留意音量的大小，而且不要談論是非八卦。咖啡館中的談話也一樣，在不知會被誰聽到的情況下，你更要注重人品。

能夠視場合控制說話音量的人，肯定是位有教養的淑女。

166 不可在電車裡化妝

曾有小朋友搭電車時看見女乘客在化妝，便童言童語地說：「媽咪，這裡不是家裡吧，那位姊姊的家裡沒有化妝室嗎？」

媒體常呼籲不應在電車上化妝，很遺憾，就是有人做不到。有教養的淑女，絕不會在公共場所大刺刺地化妝；見狀覺得不悅的人肯定也不少。

在公共場所，尤其是電車這類空間狹小的地方，補個護唇膏以防嘴唇乾燥，已是最大的容許極限。

167 可以在電車上飲食嗎？

新幹線、高鐵等長途電車另當別論，如果是在一般通勤電車上，應避免飲食。

再說，食物散發的味道可能比你想像的還要強烈。例如速食特有的油炸味，光是拿著就很難不引人側目。除非迫不得已，否則應該不吃、不帶才是。

168 有座位就坐嗎？

在擁擠的電車上，明明眼前有空位，卻選擇不坐。就你個人而言，有座位不坐無妨，但恐怕會造成旁人的困擾。例如有人想坐那個空位，卻被你站在前面擋住了，或者你擋住了別人的視線，讓有需要的人無法及時發現空位……這種時候，應稍微移動一下，避免妨礙到那些想坐的人，或者主動請年長者就座，或者，你也可以用眼神或手勢告訴旁人可以就座。

169 嬰兒車禮儀

關於嬰兒車的使用禮儀，對使用者和對旁人的期待往往不同，無論如何，應盡可能彼此體諒，互相配合。

如果你是使用者，應留意是否占用到電梯、餐廳或走道的空間，盡量避免搭乘尖峰時段的電車，並且多利用嬰兒車專用空間。

而旁人也應體諒媽媽們的辛勞，多給予溫暖的支持，適時伸出援手。

170

該使用哪一邊的扶手？

與鄰座爭相使用扶手的情況時有所聞。難得的旅行或出差，若為了這樣的小事敗興，真是遺憾。搭乘火車、高鐵、新幹線時，與其把座位扶手當成供雙手倚靠的設備，不如當成與鄰座的「界線」，這樣就不會理所當然地把手放在上面，既能避免與鄰座發生無謂的衝突，也能放心地度過旅程。再說，將手放在扶手上，本來就不是高雅的坐姿。

171 電車上的香水禮儀

坐在公車或電車上，由於不太會移動，因此香水、髮蠟，甚至是大家常用的衣物柔軟精的香味，都會引起爭議。如果是搭乘飛機、火車、新幹線，由於都是指定座位，萬一無法接受鄰座的香水味，豈不是一場漫長的噩夢。請記住，你喜歡的香味，未必是大家都喜歡的味道。

172 香水別噴在腰部以上

在此介紹高雅的香水使用方式。我認為不是「噴上」香水，而是「灑上」香水。從前都是噴在耳垂後、手腕內側、脖子上的脈搏處，因為這些部位能有效散發香味。但是，旁人有可能會認為味道太濃烈而對你敬而遠之。

噴香水的訣竅，是噴在腰部以下的部位。例如，膝蓋內側或腳踝，重點是讓人聞到隱隱約約的香味就好。

此外，不要直接噴在身上，而是在空中噴一下，讓身體染上香味，以免香味集中在同一個部位或是過於強烈。優雅的淑女請務必學會優雅的香水用法。

173 優雅的上下車方式

坐進計程車時，很多人會低頭鑽進去，或是腳先踩進去，但這種方式會讓裙擺散亂，而且感覺很沒女人味。不妨依照下列步驟上下車，就能展現優雅的氣質。

上車時

- 腰先進去，淺坐。包包放在膝蓋上。
- 雙腳伸進去，身體回正。

下車時

- 以腰為軸心，身體轉向門側，腳先踩地。
- 腳踩到地面後，慢慢起身。

西式飯店、日式旅館

174

以合宜的服裝表示尊重

若是商務飯店和渡假飯店，穿著無須過度講究，但若是去到高級的飯店或日式旅館，合宜的穿著打扮是基本禮儀。

在合乎著裝守則的情況下，發揮自己的時尚品味，就能給人見過世面、教養良好的印象。

聽說飯店服務人員會用手錶、皮鞋來判斷客人的等級。我也實際問過幾位飯店服務人員，證實這項傳言不假。因此，辦理入住手續時，請至少穿件外套。

175 簽名禮儀

辦理飯店入住手續、在信用卡簽單上簽完名後，把文件交還給服務人員時，應注意文件的方向。不論何種場面、交給何人，都要極其自然地將文件的方向朝向對方。這是一種尊重，也是有教養的表現。

176 大方地表達需要及主張

很多人不敢提出請求、客訴。有教養的淑女，應該能夠區分何時該勇於主張、何時該委曲忍耐。

如果不喜歡入住的房間，就該大方地告知飯店。如果難以直接開口，可以改採「商量」的方式，以「可以跟你商量一下嗎？」「不知道可不可以跟你商量？」當開場白，就能委婉地表達意見了。

〈可商量的事情〉

- 房間大小
- 走廊或隔壁的噪音
- 窗外的景色
- 房間的裝潢和預期不同
- 空調故障
- 自來水或熱水故障
- 房間怪味，例如禁菸卻有菸味

177 要不要給小費？

在日本，不論是西式飯店或日式旅館，住宿費都已包含了服務費，基本上不必再給小費。不過，若是受到額外的關照，或是對方服務得很棒，你可以給小費

來表達謝意，此時務必將小費裝在小信封或用懷紙包起來，才合乎禮儀。平常隨身攜帶小信封或懷紙，必要時便能適時派上用場。而給小費的對象，原則上是這次服務你或日後會再服務你的人，也可以是旅館的女主人等高層人士。

至於給小費的時機，一般是在服務生介紹完旅館設施、每次接受完服務時；你也可以等到退房時，再謝謝對方的照顧，並且送上小費。

金額則視旅館等級或服務內容而定，原則上「看心情」，也可參考下列建議。

〈小費金額的參考標準〉

每名賓客食宿費用的5～10％。

- 提供額外的服務時：1000日圓～5000日圓
- 提供有難度的服務時：5000日圓～10000日圓

178 認識和室裡的席次原則

國際禮儀都是女士優先，但在和室空間則無此概念。儘管最近在日式旅館，男士也會扮演護花使者的角色，但在和室空間，依然遵守日本傳統一貫的禮儀。

例如，床之間的前面是上座，由男士入座。如果你沒有這種基本認識，以為女士優先而去坐上座，讓男士坐在下座，會很失禮。

西式空間與日式空間的禮儀不同，請先認識清楚。

179 蒲團的正確坐姿

最近，由於不習慣待在和室空間的人越來越多，因此常出現坐在蒲團上姿態不雅的情形。尤其是坐上去和站起來時，有些人會直接踩在蒲團上，這是很失禮的行為，請特別留意。能夠優雅地坐在蒲團上的人，肯定會教人刮目相看。

蒲團的正確坐姿

- 先坐在蒲團旁邊。
- 以跪坐的姿勢，用拇指在外的雙拳撐住身體，慢慢移動膝蓋，從蒲團的旁邊或後面移向蒲團。

- 繼續移動膝蓋，把膝蓋放在蒲團的邊緣上。
- 繼續前進，然後轉向正面。
- 坐在蒲團上，與蒲團前緣保持五公分距離。
- 背脊伸直，腋下併攏。雙手輕輕交叉放在膝蓋上。

180 毛巾類應疊放整齊

退房時，記得將使用過的毛巾摺好疊放在浴室裡。將物品收拾整齊，也是表達謝意的一種方式。

column

旅行不一定要輕便，執念也要斷捨離

旅行的行李當然是越輕便越好，但是，一味追求輕簡的旅行，能夠滿足進行一趟豐富之旅的期待嗎？

「斷捨離」的提倡者山下英子※小姐是我的好友，於公於私，我皆受益良多，而我從她那裡學到一個與「斷捨離®」恰恰相反的觀念，就是「旅行要豐富」。我們每個月會一起到外地騎馬、旅行，還記得第一次我被她嚇到了，她的行李箱好大，行李也好多！當然，也好重！「斷捨離®的英子居然帶這麼大的行李?!」不過住一晚而已，她帶了兩套晚宴服、三雙淺口包鞋，化妝保養品相當齊全，而且沒有換裝到旅行小容器！

「江美，你看我晚餐穿哪一件好？」「這雙鞋子搭嗎？」看她在飯店搭配得樂不可支，便能感受到她的這趟旅程既豐富又開心。

別因為行李太重、占空間而放棄，執念也要斷捨離，這樣的女人才有魅力！

※ 山下英子

「斷捨離®」提倡人，著作累計500萬冊的超人氣作家。《斷捨離®》系列書籍在歐洲、亞洲翻譯成十二種語言，蔚為風潮，並獲選為2019年中國十大流行語，在中國大陸的「斷捨離®day」中，短短一天，就有3億4千萬人登入。「斷捨離®」為山下英子個人登記的商標。

被稱讚「好教養」的用餐方式

- ✔ 學會基本用餐禮儀。
- ■ 對店家、食物表示敬意與謝意。
- ■ 符合店家等級的行為舉止。
- ■ 無既定禮儀也能優雅地用餐。

第 8 章

用餐方式

用餐優雅與否，最能窺知教養的好壞。
例如拿筷子這個理所當然的小動作，
請利用這個機會重新檢視一次吧。
熟悉禮儀，自然而然地關懷體貼旁人，
便能散發出教養良好的魅力。

用餐的基本禮儀

181

用「三手」方式拿筷子

常見到有人只用右手就把筷子拿了起來，再轉一下右手腕就開始夾取食物吃，完全沒有用到左手。

拿取筷子時，務必以「三手」的方式雙手並用。

能夠一個動作一個動作緩慢仔細地做出來，即能顯示從容大度的涵養。從使用筷子的方式，便能看出平時在家吃飯的模樣，因此，請務必好好練習用「三手」拿取筷子的優雅方式。

拿取筷子的方式

先用右手拿起筷子，然後用左手從下面扶住，再將右手移到筷子下方拿好。

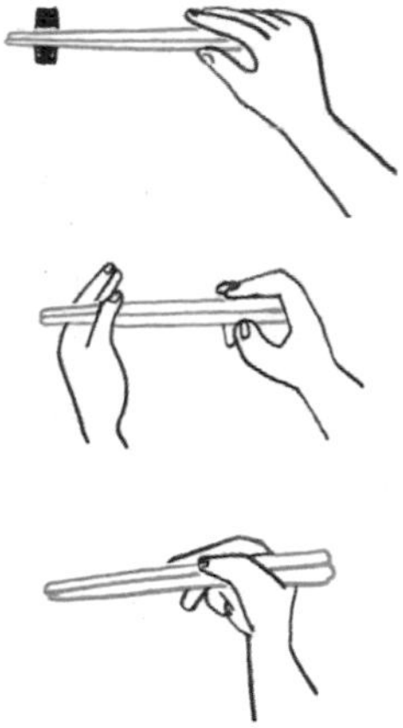

正確的拿筷子方式

- 用拇指、食指和中指這三根手指拿住上面那一根筷子。
- 拿在距離筷頂⅓處。
- 讓筷尖能夠牢牢地併攏，才能夾穩食物。

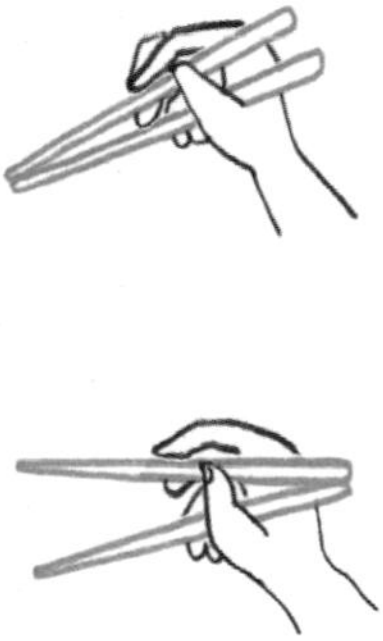

182 端持碗筷的方式

不要同時做兩個動作，而是一個做好再做另一個，才能展現優雅的女人味。

例如，拿起碗時，不要同時拿起筷子，動作分開才能從容優雅。

拿起碗筷的方式

- 拿起碗時，先用雙手端起來。
- 右手放開碗，拿起筷子。
- 將筷子放在碗底，用端碗的左手手指夾住。
- 右手從筷子的下方重新拿好筷子。

183

喝湯時，筷子該怎麼拿？

很多人喝湯時，筷子的拿法都不正確。將筷尖伸出碗外且朝向正面，這種方式既粗魯又失禮。

應該用手中的筷子按住碗中的食物，再慢慢喝湯。

184

不可舔舐筷子和湯匙

將筷子放入口中舔舐是失禮的行為，也不可以舔舐沾在筷子上的飯粒等殘餚，應夾起其他菜餚再一併送入口中；如果沒菜了，就用懷紙優雅地將筷子擦拭乾淨。

此外，喝完味噌湯等湯品後，若筷子和湯匙上仍殘留湯汁，不可揮掉或舔掉，這種行為很沒品，卻很常見。

正確的方法是，將筷子和湯匙放在碗或杯子的內側邊緣，讓水自然滴下。

喝紅茶或咖啡時，也應該採取這種方式。

185 享用日式料理時易犯的錯誤與正解

× 沒拿筷子的那隻手晾在下面。

○ 沒拿筷子的那隻手應拿起小碟子，或是搭在面前的容器上。

× 進食時，另一隻手放在食物下面當盛接盤。

○ 用懷紙代替盛接盤。

× 拿取某一道料理時，手從料理上面伸過去。

○ 將手伸向碗盤的側邊後拿起，或者先用接近碗盤的那隻手拿起來。

× 手肘靠在桌上托腮、手肘在桌上交叉擺著、手肘靠在桌上。

○ 用餐時，左手應拿著或扶著碗盤，或是放在膝蓋上。

× 筷子放在碗盤上。

○ 如果沒有筷架，就用懷紙摺成筷架，或者將筷子的前端插回筷袋。

× 用筷子移動碗盤。

○ 務必用手移動碗盤。

× 拿著筷子起身。

○ 用餐中，如果非離開座位不可時，應先放下筷子。

× 拿著筷子比手畫腳。更不能拿著筷子指人！

○ 要做手勢時，應先放下筷子。

× 伸出舌頭盛接食物。

○ 應沉穩地用筷子將食物送到口中。

186

端持茶杯、飯碗的方式

- **日式茶杯**

用雙手拿取。一隻手拿著茶杯的側面，一隻手捧著底部。

- **咖啡杯、紅茶杯**

手指伸入把手，牢牢握住。若想拿得更優雅，可以手指拼攏地握住把手。請依杯子的形狀、場合，採取最美觀的握法。

- **杯碟**

在飯店的休息廳等處喝飲料時，若要離開餐桌或立食，應連同杯子一起拿著。

- **葡萄酒杯**

在海外通常是拿著杯身，在日本則是拿著杯腳。應視場合採取優雅的拿法。

187 熟食應換裝到盤子上

在百貨地下街買回熟食，你都會換裝到盤子上再吃嗎？如果直接使用包裝袋或包裝盒，可就不雅觀了。

保特瓶及罐裝飲料也一樣，不要為了省事而犧牲掉生活的優雅喔。不過，如果是在別人家裡，應先詢問一聲：「要不要放在盤子上？」「拿杯子裝好嗎？」如果大家都不介意，才可以不換裝而直接吃。

188 讓人質疑教養的飲食方式

如果你自知：「這樣真的不太好。」「就這次而已。」那倒還好，但要是你經常理所當然地做出下列行為，請立刻改正過來！

- 食物沒有裝在碗盤上，直接用鍋子承裝著吃。
- 站著吃。

- 在計程車、電車等大眾交通工具裡吃東西。

189 讓你在婚活中扣分的飲食方式

「男友要帶我去高級餐廳，但我對正式的用餐禮儀沒把握，很怕丟臉。」

「我的吃相很難看，我女朋友下令要我來學習用餐禮儀。」

就像上述的情況，來我的禮儀學校上課的學員中，不少人是不想讓男友丟臉，或是被另一半強迫來上課的。

特別是如果兩人正以結婚為前提而交往，不論男女，用餐時老是做出令對方不舒服的舉動，日後相處肯定磨擦不斷。用餐時，不僅要顧及另一半，也要顧及旁人的感受，才算合乎用餐禮儀。

接下來將介紹更多的用餐禮儀，請好好檢視自己的舉止是否得宜。

190

濕紙巾的使用方式

在海外或高檔餐廳，很多地方並不會準備濕紙巾，但在一般人常去的店裡或日式料理店，通常都會提供濕紙巾。

從濕紙巾的使用方式，便能窺知你的教養。比起整張攤開擦拭全手，輕輕擦拭指尖或僅擦拭到第二關節，會比較有氣質。濕紙巾只能擦手，千萬不可拿來擦臉或其他部位。除非發生意外，否則請記住，不能拿濕紙巾當抹布擦拭桌面。

濕紙巾的使用方式

1

打開一個折面，如果是滾成圓筒狀，就打開⅓左右。

2

擦拭指尖。

3

摺回原狀。未使用的那一面摺在外側，體貼前來收拾的服務生。

191 由誰點餐？

和長輩一起用餐時，應請對方先點餐，可以自然地說一聲：「請你先點。」開動時也一樣，應等長輩或主人先動筷子後，才輪到自己。

192 配合對方的速度

很多上班族因為午休時間很短，所以吃得很快，但其實用餐速度過快會顯得沒氣質；反之，吃得太龜速也會讓旁人在意。基本上，合乎禮儀的用餐速度是配合長輩或當天的主人。

193 打開免洗筷的方式

「打開免洗筷的方式也有講究?!」那當然了。應該將免洗筷打橫，像打開摺扇般輕輕打開，且注意動作不能大到觸碰旁人。

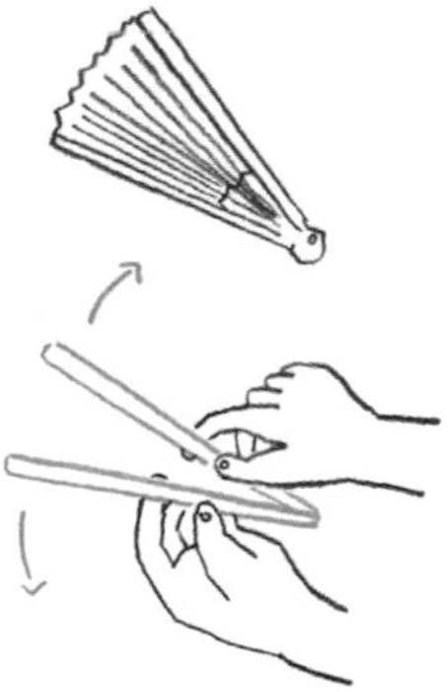

194 在餐廳不要自行製作筷架

有些女士會用筷袋做成筷架，但我認為，如果餐廳沒有準備筷架，就當成是「一家可以將筷子放在碗盤上的休閒餐廳」。但如果你真的很不能接受這種方式，可以將筷子的前端部分放入筷袋中。筷袋的外側不乾淨，而且，就算將筷袋摺成美麗的紙鶴當筷架，摺過的部分也不衛生了。

195 別人幫你倒酒時

・**日本酒**

日式禮儀基本上都是雙手持杯，即使是小酒杯，也要用雙手拿著。

・**啤酒**

啤酒雖非日本傳統酒，但大家早已習慣互相倒酒的文化。有教養的女士，拿啤酒杯的方式跟拿日式茶杯一樣，都要使用雙手。

196 不能倒拿酒瓶

右手腕朝上地倒拿著啤酒瓶倒酒，乍見顯得相當熟練，但這種舉動並不高雅，請留意。

正確的拿酒瓶方式，是連同身體稍微傾向對方，

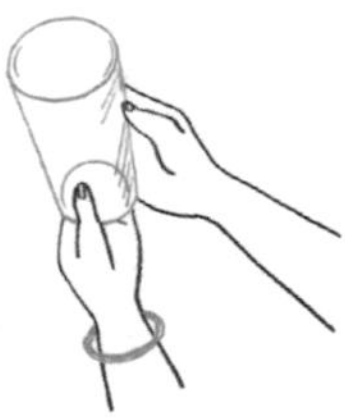

酒瓶的標籤朝上，右手在上、左手在下地握住酒瓶，輕輕倒酒。

197 再次倒酒時，應先詢問對方

有些人不喜歡別人頻頻為自己斟酒。當對方酒杯裡的酒還剩下一些時，你如果想為對方倒滿，應先詢問一聲：「我幫你倒滿好嗎？」

198 用筷頂夾食物反而不衛生

分裝食物時，很多人會利用筷子的頂端夾菜。夾的人應該是基於衛生考量，但其實這樣反而違反禮儀。筷子的頂端不但不衛生，夾過菜後也會有所殘留而不好看。正確方式應是請服務人員另外提供乾淨的筷子。

199

為大家擠檸檬？

吃火鍋時，大家能接受有個火鍋將軍一直在發號施令，指揮大家先吃這個，再吃那個嗎？

此外，最近大家都在討論「炸雞的擠檸檬問題」。如果是幾個人一起分享時，應先詢問每個人的喜好，什麼都不問，就把檸檬汁淋在整盤炸雞上，只會讓人覺得：「這個人只是在展現她的女強人作風。」

請記住，你的理所當然未必是別人的理所當然，培養觀察力絕對有必要。

200

吃完後的整理

到別人家做客，吃完點心，應盡可能將包裝袋等垃圾疊在一起。如果有喝完的杯子，也應集中擺好。雖是小事，但若能花點心思讓對方更容易收拾整理，並說聲「謝謝招待」「很好吃，謝謝」，便能展現出優雅有教養的氣質。

201 碗盤不要疊放

有些餐廳不喜歡客人在用餐完後將碗盤疊放。

或許客人是基於貼心，但疊放的碗盤容易沾染汙垢，反而造成麻煩。

尤其是高檔餐具，疊放容易損傷，破壞塗層，應避免才對。在別人家裡做客也一樣。

其實在哪裡都一樣，沒詢問就逕自疊放碗盤，會給人生活邋遢散漫的印象。

202 將鞋子擺放好

進入和室前得先脫鞋，這時，若能將別人脫下的鞋子也順手幫忙擺好，肯定大加分。這個舉動透露出早已養成注意生活細節的好習慣。

203

合宜的舉止才是真正的優雅

不是有氣質的言行舉止就叫優雅，真正的優雅，是能夠配合場合與氛圍。

例如，在串燒店把所有食物從竹籤上拿下來的人、在蕎麥麵店吃麵絕不發出聲音而吃得很慢的人、在高檔餐廳喝湯猛發出聲音的人，都會造成旁人的違和感及不悅。

有教養的人，心中都有明確的行為準則，不論哪種場面都能自信從容地樂在其中。請各位務必利用本書好好學會基本的行為準則。

優雅的用餐方式

204 從左前方開始

服務人員送來整客套餐，你會為不知從哪吃起而苦惱嗎？基本上「從左側靠自己的這邊開始」，西式套餐也一樣。

205 麵食不能中途咬斷

吃蕎麥麵、烏龍麵、拉麵、長條形義大利麵等麵食時，很多人都有一個共通的毛病，就是中途把麵咬斷。

請先估算好，每一次只夾取可以將麵條全部吃完的分量就好。長條形義大利麵也一樣，請先拿捏好用叉子將麵條捲完時的分量。

206 竹簍蕎麥麵的吃法

第一口不沾醬汁，先品嘗蕎麥麵本身的味道，之後也是只沾到三分之一程度就好，而且一口的分量不宜太多，以免顯得粗魯……這些吃蕎麥麵的禮儀與規矩，經常成為議論的話題。

最起碼的原則，是當你吃的是麵條放在竹簍上的竹簍蕎麥麵時，請從麵的頂部斜斜將筷子伸進去夾取，這樣比較不會把麵弄散，分量也容易拿捏。接著，夾取的麵條應全部入口，不可以中途咬斷。總之，必須掌握好每一次用筷子夾取的分量。

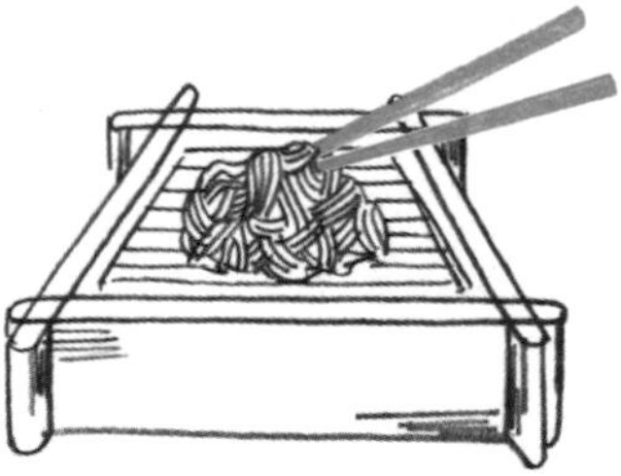

207 串燒的吃法

有些女士會把食物全部從竹籤上拿下來再吃。乍見會覺得很有氣質，但這樣不就失去吃串燒的真髓了嗎？就著竹串吃串燒才是符合場合的做法。

不過，串在竹籤下方的部分比較難吃到，這時就可以把食物拿下來了，也可以用筷子將食物移到竹籤的前方，再就著竹籤吃。

總之，應學會判斷場合與食物，選擇合宜的方式後，再優雅地享用。

208 別在食物上留下齒痕

漢堡、三明治、包子等食物，通常會整個拿起來吃，但你可曾注意到一口咬下後在食物上殘留的齒痕？分享一個小技巧，只要將一口分量分成兩次咬下，便不會留下明顯的齒痕。

209 漢堡的優雅吃法

漢堡本來就是休閒食物，大口大口咬下才夠味！但淑女的話，總是不太願意讓人看見張大的嘴巴。漢堡多半會裝在袋子裡，以防餡料掉出或弄髒手，因此只要稍微打開紙袋，一小口一小口地邊遮住嘴巴邊吃就無需擔心了。

附上刀叉的大型漢堡，最好先對半切開才容易吃。

〈其他食物的吃法〉

● **披薩**

披薩屬於休閒食物，不必那麼在意吃相。有刀叉的話就切開，否則也可以摺起來吃。

● **鬆餅**

鬆餅也是休閒輕食。切成放射狀或從邊緣開始切都無妨，隨個人喜好即可。

不過，吃完後應保持盤子的美觀。

210 草莓蛋糕

很多人問我：「上面的草莓什麼時候吃啊？」

我想，並沒有固定的規則。只是，若第一口就吃掉草莓的話，會給人孩子氣的幼稚感。

建議從邊緣開始吃，慢慢吃到草莓的地方……如果能用叉子捲起蛋糕外圍的包裝紙再拿掉，會顯得很優雅；但如果不擅長這麼做，直接用手拿掉也行。

211 吃橘子的方法

要不要吃橘子的皮和上頭的白色細絲「橘絡」，因人而異。不過，吃完後，應保持模樣的美觀。剝開的外皮請務必再次闔起來，如果能將蒂頭維持在正上方，就更美觀了。

212 仙貝應在袋中剝好再吃

有些食物雖然沒有規定的吃法，但應隨時想到怎麼吃才能吃得美觀，而且不會將碎屑散落一地。

單獨包裝的仙貝，應先在袋中剝成小塊再送進嘴裡，這樣碎屑就不會掉出來了。如果能夠細心地拿出手帕放在膝蓋上再吃，會顯得更加優雅有教養。

213 可以邊走邊吃嗎？

近年，在人氣觀光景點或節慶活動上，都可以看到邊走邊吃的人，也因此傳出許多令人困擾的行為。當然，有些人的想法是：「這家店賣的東西就是要讓人邊走邊吃啊。」「大家都這樣吃啊。」「在這種地方當然是邊走邊吃。」不過，在注重家教的家庭中長大的人，應該會認為「邊走邊吃不雅觀」。

有教養的人會發揮公德心，例如，坐下來吃、留意不去撞到旁人、顧及小朋友的視線高度、將吃剩的東西和吃完的垃圾帶回家等。

和食

214 在和室中不宜裸足

如果知道會待在和室，應先穿好絲襪再去，或者帶一雙白襪在玄關處穿上。臨時沒準備的話，可以就近到超商購買絲襪，穿好再去。

最好事先確認赴約的地點是西式房間或傳統的日本和室，就不會臨時手忙腳亂了。有教養的人肯定會先掌握狀況，而做適當的穿著打扮。

萬一真的無法準備絲襪，應跟主人說聲：「不好意思，我今天沒穿襪子……」這樣原本介意的人才能釋然，並感受到你的好教養。

215 最好穿上易穿脫的鞋子

如果事先知道會待在和室，最好選擇易穿脫的鞋子，以免穿脫鞋子花費太多時間，而讓其他人等待。

216 去高檔餐廳，脫下的鞋子就交由服務生處理

如果餐廳有專門整理客人鞋子的服務生，那麼你朝正面脫下鞋子後，把鞋子交給他們處理即可。如果你自己將鞋子收到鞋櫃，會給人「沒見過世面」的印象。可以跟服務人員說聲「麻煩你了」，表達謝意。

走進房間後，與在其他和室一樣，不要踩在榻榻米的包邊及蒲團上。

217 在高級和食餐廳的注意事項

- 避免配戴大型戒指或手鐲，以免不慎損壞碗盤的塗層。
- 應留意香水、髮蠟、止汗劑、衣物柔軟精等身上的香味，避免濃烈刺鼻。
- 在和室不宜過度暴露肌膚，如果你穿的是無袖服裝，最好披上薄外套。也應避免穿著過緊或過短的裙子，讓自己和旁人都無法放鬆。

218 培養對味道的敏感度

和食的一大特色是香氣細膩優雅。尤其在掀開碗蓋的那一刻，高湯會散發出怡人的香味，而時令蔬菜、紫蘇、生薑等調味料的香氣，也是和食的醍醐味。

在這樣的空間裡，當然不可讓身上的香水味喧賓奪主。為免影響其他賓客，有些餐廳甚至會謝絕香水過濃的人。如果你當天噴上了味道濃郁的香水，最好婉拒和食邀約，這是「有教養、識大體」的表現。

最近，由於許多衣物柔軟精和止汗劑皆有濃烈的香味，因而出現「香害」這樣的新名詞，可見，你個人喜歡的香味，旁人未必能接受，有可能造成別人用餐時的困擾。請務必培養對味道的敏感度，包括自己身上的味道。

219 有教養的人不會不懂裝懂

裝成是某家餐廳、壽司名店的行家，或是高級精品店的常客，這種行為會被視為自我膨脹的自卑表現。

其實，真正懂禮儀的人，在碰到不懂的事或第一次接觸的事物時，會誠實告知並詢問相關事項，例如：「請問這是什麼菜？」「請問該怎麼吃呢？」在我的心目中，這種人都是「有教養，認真過生活的人」。

220 優雅地吃魚

很多人苦嘆：「我真的很不會吃帶骨的魚……」就是這個緣故，在我的禮儀學校的餐桌禮儀講座上，我都會請主廚特別準備帶骨頭的魚和肉。

從上半面開始吃，然後優雅地去掉中骨，再吃下半面，全程保持優雅，這樣的人肯定是有教養的人。如果能再細心地拿出懷紙，蓋住骨頭、魚鰭等，就更了不起了！

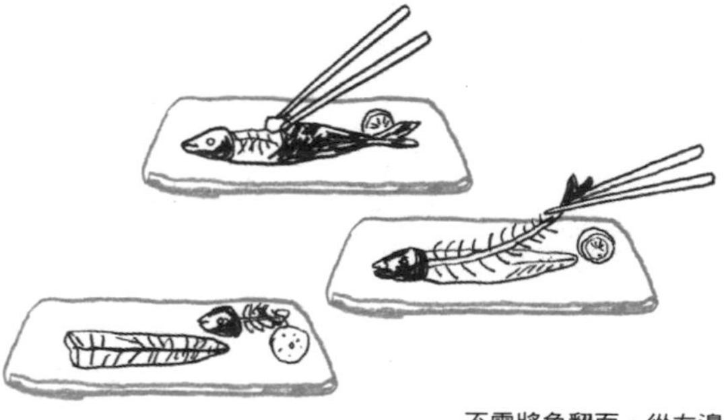

不需將魚翻面，從左邊吃到右邊。
吃完上半面後，拿掉中骨，放在盤子後方角落，再繼續吃下半面。

221 吃拼盤的順序

當服務生端上生魚片或炸物拼盤時，你知道該從哪裡吃起嗎？

如果你知道由味道清淡吃到濃厚才能吃出美味，並且知道怎麼吃才不會把擺盤弄亂，你就能優雅地享用了。

如果你不清楚味道的濃淡也無妨，基本上就從靠近自己的這一側，或是從左邊開始吃起。

222 關於米飯的幾點疑問

・菜可以放在飯上面嗎？

在高檔日式料理店的話，不能將菜餚、漬物等放在飯上面一起吃。

・吃壽司是用手或用筷子？

都可以，但用手直接拿著吃，還能享受到壽司的觸感。先從味道清淡的開始，然後才是味道濃厚或油脂濃郁的，才能品嘗出美味。

・可以在散壽司或丼飯上淋一圈醬油嗎？

散壽司的話，如果淋上一圈醬油，下面的飯也會染上醬油而失去原有的風味。因此，請夾取餡料沾取小碟中的醬油，再配飯一起享用。

223 無法一口吃下的食物，就一口一口慢慢吃

碰到無法用筷子切開的食物，例如大塊的竹筍，該怎麼吃呢？一口一口慢慢咬會不會不雅觀呢？請放心，這種情況是允許的。只是，咬過的食物不能再放回碗盤中，應繼續吃完才合乎禮儀。

224 哪些盤子可以拿在手上？

其實沒有一定的標準，基本上就是尺寸小於你手掌的盤子。有教養的人能夠自行依碗盤的大小及重量來判斷是否拿在手上。

不少人都希望我能給出合乎禮儀的標準答案，但很遺憾，我認為每個人都該培養自己的感性、感覺，用自己的標準做出適當的判斷，這也是好教養的展現。

225 勿用手盛接

夾取食物或舀湯送進嘴裡時，許多人會習慣用另一隻手放在嘴邊，當作盛盤般盛接，誤以為這樣的動作才優雅。其實錯了，這是違反禮儀的。

從大碗盤裡夾取食物時，不應用手，而應該該用小碟子盛接才對。如果是附蓋的碗，可以將蓋子當作盛接盤用。

本書多次提到懷紙，如果手邊沒有小碟子，就以懷紙代替，絕對會讓你顯得氣質高雅。懷紙的用途良多，除了飲食，日常生活中隨時都可派上用場。因此，請準備一些你喜歡的懷紙吧。

餐廳

226

不要帶大件的行李

裝筆電、文件等工作用的大型托特包，不適合帶進專供特別聚會等非日常活動的高檔餐廳。所以大型包包或大件行李，當然包括行李箱等，請務必寄放在寄物處。

不過，女士不宜空著手！

我們不知道何時會受邀晚宴，為因應臨時的邀約，最好隨身攜帶輕巧的晚宴包，有備無患。

227 上甜點時才能起身離座

不在用餐期間離席是基本的禮儀，至少應坐到上甜點之前。此外，在日本，不少法式餐廳會提供濕紙巾，但在海外通常不會。基於這兩點理由，最好在就座之前，先去一下化妝室吧。

228 拍照時先打聲招呼

越是正式的餐廳，對店內攝影越有顧忌。拍攝佳餚的照片時，應先詢問一聲：「我可以拍照嗎？」此時，若能再補一句「我不會拍到其他客人的」會更好。請勿使用閃光燈，也請關閉快門聲。此外，應迅速完成拍照，別讓美食空等走味。若要上傳至社群網站，應先確認有沒有拍到其他的賓客。

229 將手輕放在桌上的理由竟是……

很多日本人不知道，在歐洲用餐時，就座後應將雙手放在桌上。

這是基於過去的歷史，要證明手上沒有武器。如果你將雙手靜靜放在膝蓋上，會顯得不熱中與人交流互動，這點請特別留意。只要將雙手交叉輕放於桌上，就能散發出優雅的氣質。

230 刀叉的拿法

刀叉的拿法可說是西餐的基本禮儀，但我開設餐桌禮儀講座後，意外地發現不懂的人還不少，其中最大的問題，就是食指沒放在刀叉上而突出去，以致不能好好施力，動作自然優雅不起來。

食指放的位置因刀叉而異，有些刀叉上面還會刻意做出凹陷的紋路，方便食指按住。

只要將食指放在正確的位置，刀叉使用起來就會很省力。

一般的禮儀書籍通常不會介紹得這麼詳細，因為拿刀叉的技巧不算用餐禮儀，而是基本的生活常識。

換句話說，從拿刀叉時的食指位置，即可窺知這個人的生活及教養情況。

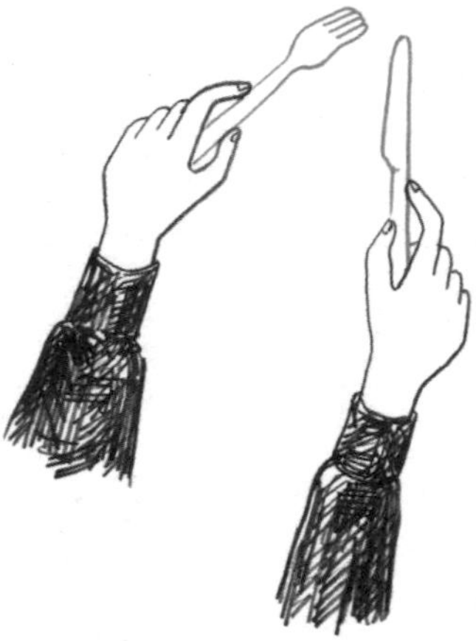

231

刀叉的擺放

放下刀子時，務必將刀刃部分朝內。歐洲人認為刀刃朝外是十分粗魯的行為。此外，用餐完畢時，應將叉齒朝上放置，但連這種基本事項都沒留意的人還真不少，請大家務必好好學會基本禮儀。

當然，用刀叉碰撞碗盤發出刺耳的聲音、手持刀叉比手畫腳等，都是違反禮儀的不雅舉止。

用餐完畢後，應將刀叉靠攏，放在餐盤的三點鐘到六點鐘方向之間，刀刃朝內，叉齒朝上，刀叉靠攏才優雅。

232

刀叉的使用禁忌

- 將叉子從左手換到右手拿著。
- 切食物時發出聲音。
- 將刀叉放在食物上面。
- 自己撿起掉在地上的刀叉。
- 拿著刀叉同時使用餐巾。
- 拿著刀叉比手畫腳。
- 刀刃朝外地放在餐盤上。

233

用叉子吃飯時

過去有段時間，人們習慣將飯放在叉背上，再送進嘴裡。但是，這樣不但不雅觀，也不容易吃。如今，主流的做法是將飯放在叉腹上。

要注意的是，將叉子從左手換到右手拿著，是違反正式禮儀的，應利用右手

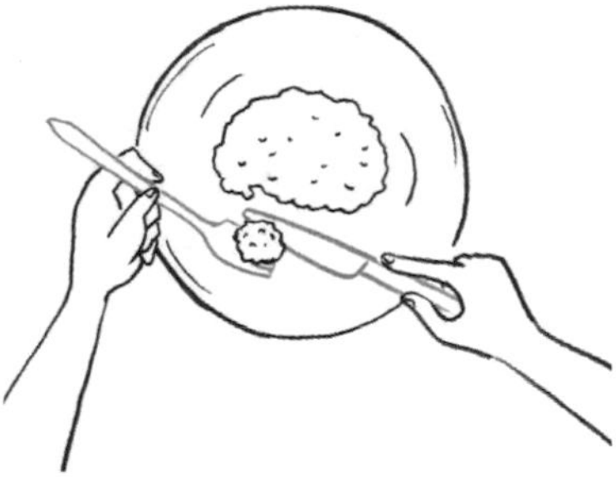

的刀子將飯撥到叉腹上，再送進嘴裡。但話說回來，歐美餐廳並不會像日本一樣提供米飯。

234 吃麵包的時機

享用套餐時，麵包通常會在主餐之前送來，可以先吃；只不過，在主餐之前就把麵包吃光的話，會顯得有點幼稚，應適可而止，把胃口留給主餐，才能完美地享用整套餐點。

此外，在高檔餐廳的話，不能用麵包沾料理的醬汁來吃。但在小酒館之類的休閒餐廳就沒問題。

235 葡萄酒的倒法

或許有人會覺得，用手扶著酒杯很細心，但葡萄酒的狀況與日本酒或啤酒不同，不要拿起杯子，不可觸碰酒杯。若連這點基本知識都不懂，會給人「沒有到過高級餐廳」的印象。

236 婉拒續酒時，可用手掩住酒杯

想婉拒別人為你斟酒時，可以將手輕輕靠在杯緣，這種婉拒續酒的手勢，能突顯你的教養與氣質。

237 對聲音敏感

歐美很講究一項禮儀，就是用餐時不能發出聲音，不能有「漱——漱——」的喝湯聲、「咔滋、咔滋」的咀嚼聲。使用刀叉、放下杯子時，要是不小心發出聲音，應禮貌地說聲：「不好意思。」

238 餐巾的使用方法

餐巾應在點完餐後、送來餐前酒時攤開。

擺放方法很多，主流的方式是對摺後，摺痕端朝向自己放在膝蓋上。要是滑落了，不可自己去撿，應請服務人員拿新的過來。

239 餐點吃不完的時候

因為不喜歡吃，或者吃不下而留下剩菜時，應把剩菜集中在餐盤的角落。最好跟請客的人說聲：「謝謝招待，很好吃，只是我吃太飽了……」

如果是在日式料理餐廳，可以用懷紙蓋住剩菜，不但雅觀，也是對服務人員的貼心。

240 用眼神呼喚服務生

在正式的高檔餐廳，不宜大聲呼叫：「不好意思！」或是高舉手臂招呼服務生，合宜的做法是用眼神示意，或是低低地舉手示意。

241 當別人幫你套上外套時

當你要穿上寄放的外套時，注意動作不要太大。穿的時候，如果把手臂舉高，會顯得很男性化，優雅且富女人味的穿法是手臂朝下且動作輕巧。在衣帽間也一樣，手臂應朝下伸出去。把手舉高伸進袖子的行為，會留下「不習慣讓人幫忙穿外套」的印象。

242 用信用卡結帳

請客時，要是被對方知道金額，總是有點尷尬。聰明的做法是趁對方去化妝室時買單，或者自己假裝要去化妝室，然後順便買單。

即使是分攤費用，最好也是先由一人以信用卡結帳，等離開餐廳後再分攤清楚，不要在店內掏錢。

243 優雅的女士會悠閒地享受甜點與聊天

越是高檔的餐廳，越不會催促客人用餐的節奏，因此客人都能輕鬆自在地享受甜點與聊天。餐後的餘韻也很重要喔。

不過，也必須考量到餐廳的狀況，如果餐廳很重視翻桌率，或者等候的客人相當多，就不宜待得太久。有教養的人，肯定能站在對方的立場做全盤考量與判斷。

244
只拿自己的分量就好

在吃到飽餐廳，最好只拿自己要吃的分量，別人要求你「也幫我拿一點！」，或是「我拿一些給你喔！」都是違反禮儀的。幫長輩服務則另當別論。

此外，在商務場合，有時基於公司習慣或與上司的關係，可以幫忙拿取餐點。總之，應視情況採取最佳行動。

245
不可先吃甜點

在吃到飽餐廳，如果一開始就先拿主餐或甜點，會有點不入流，應該和吃套餐的順序一樣才合乎禮儀。此外，娶來一整盤堆積如山的食物，也不是氣質淑女該有的表現，一盤最多裝三、四樣食物就好，懂得在盤中留白才顯得優雅。

成熟大人應有的言行舉止

- ✔ 知道正確的規矩。
- ■ 跟上時代潮流，學習新式禮儀。
- ■ 不墨守成規，視情況隨機應變。
- ■ 掌握與人互動的重點。

第 9 章

場合

在婚喪喜慶的場合，
其實沒必要做特別的事，
合宜的舉止便是「好教養」的展現。
只要了解正確的禮儀，
隨時都能展現自信的魅力。

246

正式的場合應盛裝出席

受邀參加派對、婚宴、喜慶宴會時，應在保有個性的同時盛裝出席。當然，不搶新娘風采是基本禮儀，但通常招待方會有「希望為會場增色」「希望讓人覺得新人有很多很棒的朋友」的想法，因此受招待的人要有盛裝打扮、給新人做足面子的使命。

一個人能夠洞悉這是一個什麼樣的場合，以及這類場合有些什麼需要，就表示他具有相當的教養與品味。

247

培養著裝品味

正式場合或是有長輩在的場合、典禮和儀式等，有時最新潮的打扮並不適合；反之，在時尚奢華的場合，要是打扮得過於傳統保守，有時會給人土包子的印象。

究竟該打扮得流行或保守呢？請根據會場的等級、氣氛、出席者與自己的狀況做全盤考量，再選擇最佳裝扮，這樣的淑女肯定會贏得「了不起」的讚歎。

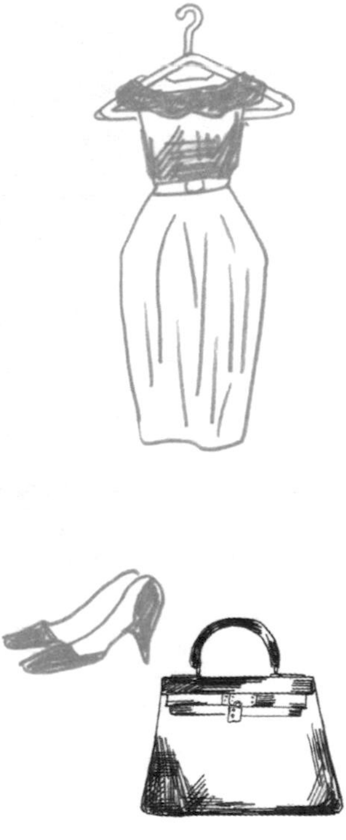

248 禮金怎麼包？

禮金的金額，視你與新郎、新娘的關係而定。

一般而言，親戚是五至十萬日圓、朋友是三萬日圓、工作相關人士則是三到五萬日圓。另有一種判斷方式是，夫妻一同出席且收到一份紀念品的話，大約是五至六萬日圓，親戚、部門下屬的婚宴則是七至八萬日圓。如果帶小孩出席，通常新人不會另外準備紀念品，因此只要加上相當於餐費的金額即可。

反之，收到結婚賀禮後的回禮，基本上是等同於賀禮價值一半的禮品。

249

參加婚禮時，可以不送賀禮嗎？

出席婚禮、婚宴時，若已經包了禮金，就不必再贈送禮物。不過，對方若是關係親密的摯友，或者去拜訪親戚的新居時，建議還是送上賀禮。

250

婚宴上的名牌和菜單應該帶走嗎？

有人問我：「沒將婚宴上的名牌和菜單帶走，是不是很失禮？」我覺得帶不帶走皆可。名牌和菜單算是新人特別設計的小物，當作紀念品帶走的話，新人應該會很高興。

251 遠道而來的賓客，該幫忙出多少旅費？

對於從遠方特地前來參加婚禮的賓客，應盡可能減輕其負擔。當然，還是得視賓客與新人的關係，以及各地的習俗而定。一般認為，交通費應由招待方全額負擔，或至少應負擔一半或一部分。飯店住宿費用也一樣。

252 給媒人的中元送禮、年終送禮

對媒人的四季問候，一般認為應持續三至五年。如果後來都沒有交流，可以在五年之後告一段落，但時間點不宜在夏季的中元節，應持續到年終；這段時間，倒是可以跳過中元節，僅在年終送禮即可，因為比起中元送禮，表示一整年謝意的年終送禮更為重要。如果不懂這項禮節而在中元時節停止問候送禮的話，會十分失禮。

參加守靈、告別式常見的疑問

253 該參加守靈還是告別式？

過去的習俗是親人參加守靈，一般朋友則參加告別式。但近年來，似乎普遍改為只參加告別式。

如果不知該參加哪一種儀式，由於各地風俗習慣不同，最好找熟人討論。無論如何，重點在於表達對故人的哀悼之情。

此外，最近越來越多人傾向只由近親參加告別式。因此，如果你沒接到遺族的邀請，請勿自行前往，也許喪家會另外舉行追思會，屆時你就能獲邀出席了。

254 參加守靈應著喪服

過去，因為有著「趕緊衝出門奔喪」的意思，參加守靈的人都會穿著便服；如今，守靈儀式多在發出通知後，隔一段時間才會舉行，參加者有時間準備，因此不宜穿著便服，應穿著喪服才合乎禮儀。

255 卸除美甲

大家都會注意口紅、眼影、腮紅等只能淡抹，但不少人會忘記指甲，以致當天出糗。請先把美甲卸掉再去參加。如果你裝的是無法馬上卸除的凝膠指甲，不妨戴上婚喪喜慶用的黑色手套。

256 淺嘗最後的晚餐

守靈時，待上完香以後，喪家會準備餐點，向僧侶及弔唁者表達謝意。大家會在這時候追思故人，因此也有與故人一起享用「最後的晚餐」之意。禮貌上，應用筷子夾取一口食物。酒水也一樣，畢竟不是飲酒會，應淺嘗即止。

257 不宜過度與人寒暄

在喪禮上會遇到許多久違的朋友，很容易不小心就笑臉寒暄、交談，但有教養的大人不該做出這種失禮的行為。在哀戚場合，請務必收斂言行。

結語

教養是一種合宜的生活方式、生活狀況，以及生活美學。

感謝你閱讀本書。

「教養」可以改變，也值得改變。

相信你已經明白我的想法了。

身為禮儀老師，很多人跟我說：「我想知道最正確的禮儀。」「老師，這樣做是不是違反禮儀？」「請告訴我正確的做法？」他們都想知道一個是非對錯清楚明白的標準答案。

其實，禮儀、禮節、禮貌、規矩，並沒有一條明確的界線。因此本書除了可明確指出「這是禮儀」的部分，還介紹了許多不算禮儀、但令人賞心悅目的行為，或者還稱不上禮儀，但會讓多數人都有相同感覺之的情境。

是的，我們的日常生活中，充滿了微妙與曖昧。
就是在如此微妙與曖昧的場合中，才能顯現出「良好的教養」。

培養由內而外的好教養

閱讀本書，想提升教養的各位，請容我向你說幾句我認為很重要的話。
在我的學校，不論是參加婚活、申請名門貴族學校，或是商務活動，成功、錄取的人都有一個共通點，就是誠正信實。
不說「可是我……」，不列舉做不到的理由、不去做的藉口，而是完全接受、立即行動。誠正信實的學員，都有不錯的人生轉機。這個共通點，不斷出現在我的禮儀講師生涯中，這些學員不分男女、大人、小孩。
只要如實地實踐，別說周圍的人，光是你自己就能輕鬆自在，洋溢滿滿的幸福感。
每天享受這種至福時光，人生將會多麼精采！

從今天起，若能一點一點墊高你的「教養」程度，你就能體驗更高級、更多驚喜的人生。

由衷祝福大家都能在戲劇性的美妙變化中，越來越幸福。

「教養」可以改變，也值得改變。

諏內江美

教養是一生的武器：
日本最受歡迎禮儀專家教你好好做人，展現品格的力量
「育ちがいい人」だけが知っていること

作　　者　諏內江美
翻　　譯　林美琪
封面設計　巫麗雪
內頁構成　高巧怡
行銷企劃　蕭浩仰、江紫涓
行銷統籌　駱漢琦
業務發行　邱紹溢
營運顧問　郭其彬
責任編輯　溫芳蘭、李嘉琪
總 編 輯　李亞南
出　　版　漫遊者文化事業股份有限公司
地　　址　台北市松山區復興北路331號4樓
電　　話　(02) 2715-2022
傳　　真　(02) 2715-2021
服務信箱　service@azothbooks.com
網路書店　www.azothbooks.com
臉　　書　www.facebook.com/azothbooks.read
發　　行　大雁出版基地
地　　址　新北市231新店區北新路三段207-3號5樓
電　　話　(02) 8913-1005
訂單傳真　(02) 8913-1056
初版一刷　2022年10月
初版四刷 (1)　2024年7月
定　　價　台幣380元

ISBN　978-986-489-695-0

有著作權．侵害必究
本書如有缺頁、破損、裝訂錯誤，請寄回本公司更換。

「SODACHI GA IIHITO」DAKE GA SHITTEIRU KOTO
by Emi Sunai
Copyright © 2020 Emi Sunai
Complex Chinese translation copyright © 2022 by Azoth Books Co.
All rights reserved.
Original Japanese language edition published by Diamond, Inc.
Complex Chinese translation rights arranged with Diamond, Inc. through Future View Technology Ltd.

國家圖書館出版品預行編目 (CIP) 資料

教養是一生的武器：日本最受歡迎禮儀專家教你好好做人，展現品格的力量/ 諏內江美著；林美琪譯. -- 初版. -- 臺北市：漫遊者文化事業股份有限公司出版：大雁文化事業股份有限公司發行, 2022.10
面；　公分
譯自：「育ちがいい人」だけが知っていること
ISBN 978-986-489-695-0(平裝)
1.CST: 禮儀 2.CST: 社交禮儀
530　　111012859

azoth books 漫遊者
漫遊，一種新的路上觀察學
www.azothbooks.com
漫遊者文化

遍路文化 on the road
大人的素養課，通往自由學習之路
www.ontheroad.today
遍路文化·線上課程